Valérie Garnaud

LES PLANTES D'INTÉRIEUR DE A à Z

ÉDITIONS FRANCE LOISIRS

Sommaire

Avant-propos

Si l'on a longtemps cru que les plantes d'intérieur avaient des effets néfastes sur la santé, des études scientifiques prouvent aujourd'hui qu'elles sont très bénéfiques et ne méritent plus d'être bannies des chambres à coucher sous prétexte de nous priver d'oxygène. On sait, en effet, qu'elles produisent plus d'oxygène qu'elles n'en consomment, qu'elles absorbent le dioxyde de carbone et qu'elles rejettent de la vapeur d'eau qui augmente l'hygrométrie de la pièce. Certaines se révèlent efficaces également pour absorber des composés polluants présents dans l'air de nos intérieurs. Enfin, outre leurs qualités décoratives certaines, avec une palette de feuillages et de floraisons impressionnante, les plantes d'intérieur contribuent à créer une atmosphère sereine et apaisante dans la maison. Nos « jardins intérieurs » sont bien sûr particulièrement précieux dans les habitats urbains.

N'hésitez donc pas à les adopter dans toutes les pièces, de la cuisine au bureau en passant par les chambres et le salon. Les clés de la réussite tiennent, d'une part, dans le choix d'un emplacement répondant aux besoins de chaque sujet en matière de lumière et de température et, d'autre part, dans des soins appropriés.

Cet ouvrage vous propose les conseils essentiels pour réussir chez vous la culture des plantes vertes et fleuries. Il est organisé en deux parties. La première rassemble des conseils généraux pour le choix et l'entretien des plantes d'intérieur. La deuxième présente les espèces les plus courantes sous forme de fiches.

Chaque fiche détaille les modalités de culture adéquates : choix de l'emplacement, arrosage et apports d'engrais, rempotage et multiplication, petits soins occasionnels. Des encadrés mentionnent des astuces ou des gestes particuliers les plus belles espèces ou variétés et proposent des associations avec d'autres plantes. Vous trouverez également mentionnées l'éventuelle toxicité de la plante ainsi que ses qualités dépolluantes, s'il y a lieu.

L'entretien des plantes d'intérieur

Les plantes que nous cultivons dans nos intérieurs sont, pour la plupart, originaires des régions tropicales et subtropicales du globe, où elles vivent dans des milieux naturels très divers : semi-désertique pour certaines plantes grasses, forêt tropicale humide pour le monstéra ou le pothos. Pour leur donner les meilleures chances d'acclimatation chez vous, il est important de chercher à leur offrir des conditions d'environnement et de culture répondant le mieux possible à leurs besoins.

Le bon achat

Vous pouvez acheter des plantes d'intérieur aussi bien chez un fleuriste ou en jardinerie, que dans votre supermarché ou sur le marché. L'offre est généralement plus vaste chez les deux premiers, la qualité souvent meilleure aussi, mais vous pouvez également faire de bonnes affaires au marché ou même au supermarché, à condition de vous assurer de la qualité des plantes proposées.

Quelques précautions s'imposent pour rapporter vos acquisitions chez vous sans dommages :

– calez soigneusement les plantes dans votre voiture pour éviter que les pots ne se renversent, surtout pour les grands sujets dont les tiges peuvent casser ;

– en période hivernale, que vous rentriez en voiture ou à pied, prévoyez de bien protéger les plantes du froid par un emballage adéquat (papier kraft, carton, plastique à bulles...).

La meilleure période pour acheter

Il n'y a pas de saison pour avoir envie d'acheter des plantes d'intérieur, bien au contraire. C'est d'ailleurs souvent en hiver que le désir nous vient de faire entrer dans la maison plus de verdure et de fleurs.

Sachez cependant que c'est au printemps et en début d'été, quand la croissance est la plus vigoureuse, que les plantes ont aussi le meilleur potentiel d'adaptation dans nos intérieurs. Choisissez de préférence cette période pour les achats de grands spécimens ou de sujets coûteux.

UNE PLANTE SAINE ET VIGOUREUSE

Quelques indices importants vous permettront de faire le bon choix :

- Feuillage fourni, bien réparti, sain et coloré ;
- S'il s'agit d'une plante à fleurs, présence de nombreux boutons floraux prêts à s'épanouir ;
- Absence de parasites visibles, de feuilles jaunies ou de pousses sèches ;
- Terreau propre en surface, sans dépôts, mousses, algues ni mauvaises herbes ;
- Silhouette équilibrée pour les grandes plantes, compacte pour les plus petites.

Le choix de l'emplacement

Comment choisir le meilleur emplacement possible pour une nouvelle acquisition ? Tenez compte en premier lieu des besoins de la plante, en matière essentiellement de lumière et température, mais aussi des endroits où elle sera bien mise en valeur.

Une phase d'acclimatation

Si vous achetez une plante sur un coup de cœur, connaissez mal ses besoins et n'avez guère réfléchi aux emplacements que vous pouvez lui offrir chez vous, accordez-lui 2 ou 3 semaines d'acclimatation dans des conditions « passe-partout » : une lumière vive, tamisée à la mi-journée, une chaleur raisonnable (18 à 19 °C si possible), une humidité de l'air suffisante, assurée par un lit de billes d'argile humides sous le pot.

L'emplacement définitif

Prenez le temps de vous renseigner sur les besoins de vos plantes et de rechercher les meilleurs emplacements possibles, surtout bien sûr pour celles que vous souhaitez conserver longtemps. Soyez attentif à l'exposition et à la luminosité (qui est aussi fonction de la taille des ouvertures), à la température de la pièce en période de chauffage (pour certaines espèces comme les orchidées, la température nocturne a également son importance), à l'humidité de l'air ou aux moyens de l'augmenter. Enfin, ne négligez pas les besoins des grandes plantes ou des sujets à croissance rapide en matière d'espace.

Quelques notions de sécurité

Tenez compte aussi dans le choix de l'emplacement de l'éventuelle toxicité des plantes, à placer dans ce cas hors de portée des jeunes enfants ou des animaux domestiques. Il est parfois plus sage de renoncer aux plus dangereuses, tel le dieffenbachia. De même, n'allez pas installer un spécimen épineux ou aux feuilles coupantes comme le yucca dans un lieu de passage. Veillez aussi à la parfaite stabilité des pots, surtout lorsqu'ils sont placés en hauteur. Enfin, certaines plantes présentent des tiges fragiles et cassantes qu'il est préférable là encore de tenir éloignées de tout passage fréquent.

Effets de groupes

Essayez le plus possible de grouper vos plantes d'intérieur, en veillant bien sûr à rassembler des espèces ayant des besoins similaires en matière de lumière (sauf à placer de plus petites à l'ombre de plus grandes...), de chaleur et d'humidité. Le résultat décoratif est généralement très réussi et agréable à l'œil, tandis que les plantes ont tout à gagner de la proximité de leurs voisines, qui contribuent par la vapeur d'eau qu'elles dégagent à créer un microclimat plus humide autour des pots. Grouper les plantes ne signifie pas les serrer les unes contre les autres... il faut que l'air circule aussi entre elles, sans quoi les risques de maladies sont augmentés.

La lumière

Elle est bien sûr indispensable à la vie des plantes. Malheureusement, notre œil a souvent une perception faussée de la luminosité à l'intérieur de nos maisons, s'adaptant mieux que les végétaux à la pénombre... Veillez à offrir suffisamment de lumière aux plantes pour qu'elles aient une croissance vigoureuse et harmonieuse, mais sachez aussi éviter les dégâts du soleil qui brûle derrière la vitre.

LES SYMBOLES RETENUS

- **Plein soleil :** derrière une vitre (entre 20 cm et 1 m, mais pas contre la vitre !) à exposition sud. Cette situation ne peut convenir qu'aux plantes très avides de lumière et résistant dans leur habitat naturel à des ensoleillements intenses. C'est souvent le cas des cactées et plantes grasses.
- **Lumière vive sans soleil direct :** le plus possible de lumière à proximité (jusqu'à 1 m) d'une ouverture large, côté sud, est ou ouest, mais en prévoyant de tamiser le soleil direct à la mi-journée entre avril et septembre. Cet emplacement profitera à de très nombreuses espèces, plantes vertes surtout, qui demandent beaucoup de lumière toute l'année.
- **Lumière vive tamisée :** le plus possible de lumière à proximité d'une ouverture donnant au nord ; ou bien avec une exposition est ou ouest, mais ombragée en milieu de journée ; ou encore entre 1 m et 1,50 m d'une fenêtre au sud. Cette situation satisfera toutes les plantes vertes peu exigeantes, et nombre de plantes fleuries.
- **Mi-ombre :** entre 1 et 2 m d'une fenêtre au nord, entre 2 et 3 m d'une fenêtre exposée à l'est, à l'ouest ou au sud, ce qui donne une luminosité beaucoup plus faible. S'y plairont les plantes d'ombre, telles que les fougères et les espèces qui poussent dans les forêts tropicales à l'ombre des grands arbres.

À SAVOIR

- La luminosité décroît très vite quand on s'éloigne de la fenêtre : à 2 m, l'intensité lumineuse est divisée par 4 par rapport au niveau de la fenêtre.
- La luminosité varie considérablement aussi avec les saisons comme au fil de la journée. Entre novembre et février, rapprochez les plantes le plus possible des ouvertures, mais faites attention aux courants d'air froid et au contact du feuillage avec la vitre froide.
- Les plantes qui ont un feuillage panaché demandent généralement plus de lumière que les formes vertes.

La température

Les plantes d'intérieur idéales sont bien sûr celles qui s'adaptent à la température « normale » d'une pièce, chauffée en hiver, puis proche de la température extérieure en été. La plupart de nos plantes cultivées en intérieur demandent non une forte chaleur, mais au contraire une température pas trop élevée pour prospérer, de préférence de l'ordre de 18 °C en hiver.

Cycle des saisons et repos végétatif

Température et lumière sont des facteurs très liés en matière de croissance des plantes. Une température assez élevée incite en effet la plante à une croissance accrue qui, pour être harmonieuse, doit bénéficier de beaucoup de lumière. À luminosité moindre et température relativement basse, la croissance ralentit et la plante peut observer un repos végétatif (en hiver sous nos climats) dans l'attente de meilleures conditions de croissance.

Ceci explique que les pièces bien chauffées en hiver (20 à 22 °C) ne conviennent guère à de nombreuses plantes qui manquent alors de lumière pour avoir une croissance vigoureuse... sans compter qu'elles y souffrent aussi de l'air trop sec. Une véranda ou une pièce fraîche (16 à 18 °C) et lumineuse est au contraire idéale pour de très nombreuses plantes en hiver.

Les bons réflexes

Pour limiter les variations brutales de température, en hiver ne placez pas les plantes à proximité directe des portes et des fenêtres fréquemment ouvertes. Évitez aussi de les installer près des sources de chaleur ou de la cheminée, sur un radiateur... Elles y souffriraient de l'air trop chaud et trop sec.

S'il est important de limiter les variations brutales de température, il n'en faut pas moins aérer quotidiennement pour assurer le renouvellement de l'air et l'entrée d'air plus humide dans la maison en hiver.

Température et humidité de l'air

Plus la température de la pièce est élevée, plus la plante a besoin d'une humidité de l'air importante pour poursuivre sa croissance dans de bonnes conditions. Chacun de nous a pu observer que dans une pièce bien chauffée, où l'air est sec, nombre de plantes souffrent : les feuilles sèchent ou leur pointe jaunit. Veillez à augmenter l'hygrométrie en atmosphère chaude.

L'humidité de l'air

Dans nos intérieurs chauffés, on estime que nous ressentons une sensation de sécheresse de l'air lorsque l'humidité relative est inférieure à 40 %, une sensation de bien-être avec une humidité de 50 à 60 %, et une sensation moins agréable de moiteur lorsque l'humidité atteint 70 % (ce que l'on perçoit bien dans une serre chaude et humide). Les plantes malheureusement préfèrent pour la plupart une hygrométrie supérieure à 60 %.

Pour trouver un compromis satisfaisant, pour les humains comme pour les plantes, il est bon de ne pas trop chauffer (pas plus de 20 °C si possible) et d'augmenter l'humidité de l'air autour des plantes dès que la température atteint 18 °C.

LES MOYENS D'AUGMENTER L'HUMIDITÉ DE L'AIR AUTOUR DES POTS

- Groupez les plantes : la vapeur d'eau transpirée au niveau des feuilles bénéficie aux plantes voisines.
- Posez le ou les pots sur une soucoupe ou un plateau tapissé de billes d'argile trempant dans un peu d'eau. L'eau s'évapore progressivement. Il faut donc compléter régulièrement le niveau tout en veillant à ce qu'il n'atteigne pas la base des pots, sans quoi les racines pâtiront de l'humidité stagnante.
- Vaporisez régulièrement le feuillage, en particulier le revers des feuilles, avec une eau douce et à température ambiante (dans la mesure où cela est réalisable dans la pièce).
- Saturateurs posés sur les radiateurs et humidificateur électrique permettent également d'augmenter l'hygrométrie.
- Dans une serre ou véranda, mouillez le sol lorsque la température est élevée.

Pots, terreaux et rempotage

Après l'achat, la plupart des plantes peuvent rester plusieurs mois, souvent même 1 ou 2 ans, dans le pot et le terreau d'origine. Mais pour les garder longtemps et accompagner leur croissance, rempotez-les tous les 1 à 3 ans (selon le rythme de croissance). Si par ailleurs vous avez acheté une plante à l'étroit dans son pot, à croissance rapide ou dont le terreau est manifestement très pauvre, mieux vaut la rempoter 2 à 3 mois après l'achat.

Bien choisir le terreau

L'option la plus simple consiste bien sûr à choisir parmi les terreaux du commerce prêts à l'emploi, en sacs. Pour la plupart des espèces, un terreau « plantes d'intérieur » de bonne qualité convient tout à fait. Évitez en revanche les produits bas de gamme, à base essentiellement de tourbe ou d'écorce, car ils perdent vite leurs éléments nutritifs et sont difficiles à réhydrater. Regardez de près la composition des terreaux et préférez ceux qui associent divers éléments, en particulier sable, tourbe ou, mieux, substitut de la tourbe, terre végétale.

Certains types de plantes d'intérieur demandent des mélanges spécifiques. C'est le cas des orchidées par exemple, mais aussi des cactées et plantes grasses, des agrumes et des plantes de terre de bruyère. Il faut alors acheter un terreau approprié.

Vous pouvez aussi préparer un mélange standard pour vos plantes d'intérieur (à l'exception de celles qui présentent des besoins spécifiques), composé par exemple d'un tiers de terre de jardin légère, un tiers de sable de rivière et un tiers de terreau de feuilles ou compost de jardin tamisé.

La gamme des pots et cache-pots

Faites votre choix parmi les matériaux proposés, le plus souvent en terre cuite ou plastique, mais aussi bois ou céramique, en optant pour des formes simples et sobres, pour une taille appropriée au volume de la plante. On considère en général qu'un pot d'un diamètre supérieur de 2 à 3 cm par rapport au précédent convient au rempotage de la plupart des plantes vertes (comptez 5 cm pour les grands sujets à croissance plus rapide).

LES INDISPENSABLES

- Les trous de drainage au fond des pots, pour éviter l'humidité stagnante ;
- Un pot assez large et profond pour assurer la stabilité de la plante ;
- Une soucoupe ou un cache-pot étanche pour éviter les taches d'eau, nécesaires même pour les suspensions ;
- Le nettoyage des pots à l'eau javellisée avant toute réutilisation.

Pour ce qui est des cache-pots, le choix est infini et se fait surtout sur des critères esthétiques. Veillez cependant à ce qu'ils soient assez larges pour vous permettre de vérifier que l'eau ne stagne pas au fond. Pour augmenter l'humidité de l'air, vous pouvez opter pour des cache-pots larges et assez profonds, garnis de billes d'argile sur 4 à 8 cm, à humidifier régulièrement.

Le rempotage pas à pas

1. Préparez pot et terreau. Prévoyez si nécessaire des tessons de terre cuite pour protéger les trous de drainage de l'obstruction, étalez une couche drainante de 2 à 5 cm d'épaisseur selon la taille du pot (billes d'argile ou autre).

2. Dépotez la plante. Pour cela, passez le long des parois une lame qui facilitera l'extraction de la motte, retournez le pot en maintenant la motte et tapotez-le contre un bord de table. Si la motte ne vient pas, il faut parfois casser ou découper le pot !

3. Éliminez une partie du terreau appauvri, supprimez les racines abîmées, puis positionnez la motte dans le nouveau pot, sur une couche de terreau. La partie supérieure de la motte doit se trouver 2 à 4 cm sous le rebord du pot pour permettre l'arrosage.

4. Comblez de terreau en le faisant glisser autour des racines, tassez du bout des doigts puis effectuez un bon arrosage.

Arrosage et apports d'engrais

L'arrosage est bien sûr déterminant pour les plantes d'intérieur puisqu'elles ne sont pas exposées à la pluie. Il faut souvent un peu d'expérience pour « trouver » la fréquence et le dosage qui conviennent, mais voici quelques recommandations générales.

Les bons réflexes

Arrosez plus :
- à température chaude et forte luminosité ;
- en période de croissance active ;
- les plantes à grandes feuilles souples ou feuillage fin ;
- les plantes à l'étroit dans leur pot.

Arrosez moins :
- en période hivernale et en atmosphère fraîche ;
- à mi-ombre ;
- les plantes à feuillage charnu ou coriace, les cactées et plantes grasses ;
- les plantes « au large » dans leur pot ou qui viennent d'être rempotées.

La bonne eau

Pour la très grande majorité de nos plantes d'intérieur, l'eau idéale est l'eau de pluie à température de la pièce. Mais nombreuses sont celles qui s'accommodent bien de l'eau du robinet, toujours à température ambiante ou presque, pour éviter tout stress thermique avec une eau froide. Dans la mesure du possible, laissez l'eau se réchauffer doucement et le chlore de l'eau du robinet s'évaporer, en remplissant les arrosoirs plusieurs heures avant d'arroser ou, mieux encore, la veille.

LES SYMBOLES RETENUS

- **Arrosage copieux :** il convient aux rares plantes qui apprécient d'être cultivées dans un terreau perpétuellement humide, voire détrempé pour les espèces de marécage comme le papyrus. Les arrosages doivent donc être fréquents en période chaude, parfois tous les jours ou tous les 2 jours, et la quantité d'eau apportée importante. Attention : ces végétaux demandent souvent plus de modération dans l'arrosage en hiver et en ambiance froide.
- **Arrosage assez copieux :** il concerne de nombreuses plantes originaires des forêts tropicales humides, qui apprécient en période de croissance un terreau légèrement humide en permanence, mais jamais l'humidité stagnante. Il faut souvent arroser jusqu'à deux ou trois fois par semaine en période chaude estivale, en laissant sécher le terreau en surface entre les apports d'eau. En hiver, un à deux arrosages par semaine suffiront, en fonction de la température ambiante.
- **Arrosage modéré :** il réussit à toutes les plantes vertes qui s'adaptent facilement dans nos intérieurs, comme les misères ou le chlorophytum, à arroser jusqu'à deux fois par semaine en plein été, pas plus d'une fois par semaine en hiver. Laissez toujours le terreau sécher sur quelques centimètres entre deux apports d'eau.
- **Arrosage parcimonieux :** il convient surtout aux cactus et aux nombreuses plantes grasses qui sont très sobres, aptes à résister à la sécheresse. Dans ce cas, il faut à peine mouiller la motte en été ou lorsque la température est élevée, et la laisser sécher en profondeur avant d'arroser à nouveau. En hiver, si la température est fraîche, un arrosage très léger toutes les 2 à 4 semaines leur suffira.

L'engrais, quand, comment, pourquoi ?

Les plantes en pot ont besoin d'apports réguliers d'engrais pour compenser l'appauvrissement progressif du terreau en éléments nutritifs. Dans la maison, l'engrais liquide est facile et pratique à utiliser, il suffit de respecter les dosages préconisés par le fabricant.

En règle générale, faites des apports réguliers, tous les 15 jours environ, durant la saison de croissance active, c'est-à-dire de mars-avril à fin septembre. Un engrais « plantes vertes » convient à toutes les espèces à feuillage décoratif, mais une formulation « plantes fleuries » est plus appropriée pour stimuler la floraison. Pour les plantes ayant des exigences particulières, comme les orchidées, très sensibles à tout excès, procurez-vous un engrais spécifique.

Multiplication facile

Nous ne mentionnons, dans les fiches consacrées aux plantes, que les modes de multiplication faciles, à portée de tout amateur. Ce sont le plus souvent la division de touffe, le bouturage de pousses dans l'eau ou le bouturage de feuilles et le prélèvement de rejets racinés.

C'est entre mars et juin, période de croissance vigoureuse, que l'enracinement et la reprise des boutures, éclats ou rejets sont les meilleurs et aussi les plus rapides.

La division de touffe

Pratiquée à l'occasion d'un rempotage, au printemps généralement, elle consiste à diviser les plantes qui se développent en touffe (asparagus, maranta, papyrus...) en plusieurs éclats, deux ou plus, comportant chacun plusieurs belles pousses et feuilles, des racines saines et vigoureuses.

– Commencez par dépoter la plante et éliminez une partie du terreau pour mieux distinguer la souche et les racines.

– À la main, avec un couteau ou encore un transplantoir, séparez les deux ou trois éclats.

– Éliminez toutes les parties abîmées ou sèches, puis rempotez individuellement chaque éclat dans du terreau frais.

– Arrosez copieusement et gardez les pots à la lumière tamisée jusqu'à la reprise de la croissance.

Pour diviser un rhizome, procédez de la même manière, en le coupant en deux ou trois éclats portant des pousses et des racines.

Le bouturage dans l'eau

Idéale pour les lierre, hypoestes, misère, papyrus, pothos et d'autres, c'est la méthode de multiplication la plus simple :

– Choisissez quelques jeunes pousses vigoureuses, parfaitement saines bien sûr, aux belles feuilles, et coupez-les à 10-15 cm de longueur selon la plante et la taille des feuilles.

– Supprimez au besoin les feuilles inférieures, qui ne doivent pas être en contact avec l'eau, et immergez la portion inférieure de la pousse, sur un tiers à la moitié de sa longueur, dans de l'eau (verre ou pot de confiture, par exemple).

Placez un petit morceau de charbon de bois au fond du récipient pour que l'eau demeure claire.
Si nécessaire, maintenez les boutures en place en coiffant le récipient de papier aluminium percé de quelques trous pour y glisser les tiges.

– Complétez régulièrement le niveau de l'eau, renouvelez-la si elle se trouble. Puis, vous pouvez rempoter individuellement les boutures lorsqu'elles ont formé quelques belles racines assez longues.

Les boutures de feuilles

Moins courant, ce mode de bouturage est pourtant facile à entreprendre avec de nombreuses plantes grasses telles que les bégonias à feuillage décoratif et les saintpaulias. Sélectionnez toujours de jeunes feuilles saines et bien développées.

Plantes grasses : laissez sécher la surface de coupe de la feuille pendant 24 heures avant de la repiquer (enfoncez-la d'un tiers environ) dans un terreau léger et sableux. Maintenez le terreau à peine humide jusqu'à l'enracinement.

Saintpaulias : prélevez la feuille avec son pétiole. Remplissez un godet de terreau pour semis et bouturage, préparez un trou avec un crayon et repiquez-y la feuille « debout ». Tassez ensuite autour de la base du pétiole. Maintenez le terreau légèrement humide sans mouiller la feuille, à la lumière tamisée et avec une chaleur douce et constante, jusqu'à l'enracinement.

Bégonias : selon les espèces et hybrides, vous pouvez procéder comme pour le saintpaulia ou bien plaquer les grandes feuilles en surface d'une terrine remplie de terreau léger, après avoir pratiqué deux ou trois entailles perpendiculaires aux nervures, car c'est là que se développeront des plantules.

Les rejets

Certaines plantes comme les Broméliacées forment des rejets à la base de la plante mère. Il suffit d'attendre que ceux-ci développent plusieurs belles feuilles et surtout leurs racines propres, pour les détacher de la plante mère et les rempoter séparément.

La phalangère *(Chlorophytum)* présente la particularité de former des plantules à l'extrémité de stolons de couleur crème. Ces plantules sont très faciles à utiliser pour la multiplication : il suffit de les laisser se développer un peu, en surface d'un verre d'eau ou d'un godet rempli de terreau, jusqu'à ce qu'elles soient bien enracinées, pour ensuite les détacher du stolon et poursuivre la culture individuellement.

Les parasites et maladies à connaître

Ce sont surtout des insectes parasites qui s'attaquent aux plantes d'intérieur, le plus souvent cochenilles ou araignées rouges (ces dernières n'étant pas des insectes, mais des acariens microscopiques). C'est principalement en fin d'hiver qu'ils posent problème, quand les plantes sont affaiblies par le manque de lumière. Plus rarement, des maladies peuvent se manifester, généralement du fait de mauvaises conditions de culture.

Araignées rouges : ces araignées microscopiques, rouges ou jaunes en réalité, prolifèrent en conditions chaudes et sèches. Elles tissent de fines toiles au revers des feuilles. Ces dernières se décolorent, deviennent ternes ou prennent des reflets grisâtres tandis que la plante s'affaiblit. L'idéal est d'intervenir préventivement en bassinant fréquemment le revers des feuilles, pour éviter tout traitement avec un produit acaricide spécifique.

Cochenilles : elles prennent l'aspect soit de petits boucliers bruns immobiles, qui passent souvent inaperçus sous les feuilles ou le long des nervures et des tiges, jusqu'à ce que le feuillage soit très collant et jaunisse ; soit de petits amas floconneux blanchâtres. Les unes comme les autres sucent la sève des plantes et les affaiblissent. Si elles sont peu nombreuses, essayez de les gratter une à une avec un coton-tige imbibé d'alcool dénaturé, ou bien coupez et éliminez les pousses atteintes. En cas d'attaque importante, essayez une pulvérisation à base d'huile minérale ou de savon noir.

Pucerons : ce sont les mêmes petits insectes verts, noirs ou rosés que ceux que vous observez au jardin. Ils se manifestent surtout au printemps et en été. Éliminez-les manuellement s'ils sont peu nombreux, en les écrasant sous les doigts, en soumettant les tiges infestées à un jet d'eau violent (dans la baignoire ou à l'extérieur), ou encore en taillant les parties envahies. S'ils sont présents en grand nombre, faites plusieurs applications d'une solution savonneuse insecticide.

Botrytis ou pourriture grise : cette maladie, favorisée par des conditions très humides, froides et avec une mauvaise circulation d'air, se manifeste sous la forme d'un feutrage gris sur les tiges, pétioles et fleurs, qui gagne rapidement toute la plante, puis celle-ci pourrit. Dès les premiers symptômes, éliminez les parties malades, réduisez l'humidité et veillez à une meilleure aération.

Fumagine : ce dépôt poudreux noir sur les feuilles n'est guère redoutable en lui-même, mais il indique à coup sûr la présence de parasites comme les pucerons ou cochenilles, car le champignon en cause se développe sur le miellat collant déposé par les insectes suceurs de sève. Cherchez donc le responsable avant de nettoyer soigneusement le feuillage à l'eau.

Oïdium : très présente aussi dans nos jardins, cette maladie apparaît sous forme de taches poudreuses blanchâtres ou grisâtres qui s'étalent sur les feuilles et peuvent gagner toute la plante, qui dépérit ensuite rapidement. Certaines espèces, notamment les bégonias, mais aussi les cyclamens et les cissus, y sont très sensibles. L'oïdium étant favorisé par des arrosages irréguliers et une mauvaise circulation d'air, le mieux est de maintenir des conditions de culture optimales. Au besoin, cherchez un meilleur emplacement

pour la plante. Plutôt que d'envisager des traitements peu efficaces, il est préférable de supprimer aussitôt les feuilles atteintes.

Pourriture du collet : la plante s'affaisse, la base des tiges pourrit. Il n'y a guère de remède envisageable, car il est généralement trop tard pour intervenir. Il faut à titre préventif éviter toute humidité stagnante qui favorise la pourriture, avec une attention particulière pour les plantes sensibles, telles que le saintpaulia ou le cyclamen : arrosez de préférence en versant l'eau dans la soucoupe sous le pot, pour ne pas mouiller la base des feuilles.

Quelques erreurs de culture fréquentes

Feuilles jaunies, tachées ou affaissées et chute des boutons floraux peuvent être causées, non par une attaque de parasite ou maladie, mais par de mauvaises conditions de culture. En voici quelques exemples courants :

Brûlures des feuilles : de larges taches décolorées puis sèches se développent sur les feuilles. Elles sont le plus souvent provoquées par une exposition au plein soleil derrière une vitre, qui entraîne des brûlures par effet de loupe. Éloignez le pot de la fenêtre ou bien tamisez le soleil par un léger voilage entre 10 h et 17 h. Plus rarement, la cause peut en être un excès d'engrais.

Chute des fleurs ou des boutons floraux : plusieurs causes sont possibles. Ces phénomènes peuvent être provoqués par des courants d'air froids ou aussi une brusque chute de température, par un air trop chaud et trop sec, par un pot déplacé… ou encore par un rempotage intempestif ! En règle générale, quand les boutons floraux sont formés, il faut veiller à maintenir des conditions d'environnement les plus constantes possible.

Feuilles qui s'affaissent : les causes peuvent être radicalement opposées. Il peut s'agir d'un manque d'eau, qui fait par exemple s'affaisser rapidement les feuilles des hortensias et spathiphyllums (lesquelles reprennent leur tonicité après un bon arrosage). Les plantes peuvent au contraire souffrir d'un excès d'arrosage, les racines baignant dans l'eau, par exemple chez le saintpaulia. Commencez donc par tester l'humidité du terreau et vérifier qu'il n'y a pas d'eau dans le cache-pot, avant d'empoigner votre arrosoir.

Feuilles qui sèchent et tombent : si le phénomène est limité, en hiver surtout, il n'y a là rien d'anormal. S'il est important, les causes peuvent en être diverses : température trop basse ou manque de lumière en hiver, air trop sec… Vérifiez bien l'adéquation des conditions de culture. Lorsque c'est la pointe des feuilles qui sèche, c'est généralement le signe que l'humidité de l'air est insuffisante.

Croissance très ralentie : la croissance est quasi nulle même en période de végétation active, du printemps au début de l'automne ; éventuellement, la plante ne fleurit pas. Le plus souvent, elle souffre d'un manque d'apports d'engrais ou d'un terreau très appauvri en éléments nutritifs. Il convient donc de la rempoter dans un bon terreau et de procéder à des apports d'engrais réguliers. Sachez aussi que les spécimens que vous achetez sont fréquemment cultivés dans un terreau très pauvre et qu'un bon rempotage peu après l'achat (hors période de floraison) leur fait généralement le plus grand bien.

Les plantes d'intérieur de A à Z

Acore

Cette petite plante asiatique, qui ne dépasse guère 20 cm de hauteur et 15 cm de largeur, pousse dans son habitat naturel en sol humide ou en eau peu profonde, d'où des besoins importants en matière d'arrosage ! Elle forme une belle touffe de feuilles linéaires, effilées, rigides et vert brillant, qui sont disposées en éventail.

LE CONSEIL RUSTICA

Pour stimuler la croissance estivale de l'acore, n'hésitez pas à enterrer son pot en bordure d'une pièce d'eau pour l'été.

- **L'emplacement :** l'acore se plaît dans une pièce pas trop chaude, notamment sur un appui de fenêtre orienté au nord. Pour le conserver plusieurs années, trouvez-lui un emplacement à température fraîche (10 à 15 °C) pour l'hiver, par exemple dans une véranda ou sur un palier peu chauffé.
- **L'arrosage :** il doit être abondant et, pour une fois, vous n'aurez pas à craindre de laisser l'eau stagner dans la soucoupe ou le cache-pot. Selon la température, arrosez une à trois fois par semaine, en imbibant entièrement la motte.
- **Les apports d'engrais :** toutes les 3 ou 4 semaines d'avril à septembre, apportez un engrais pour plantes vertes, faiblement dosé.
- **Le rempotage :** il est nécessaire tous les 2 ou 3 ans pour diviser la touffe et renouveler le terreau de rempotage, si possible enrichi d'un peu de bonne terre de jardin.
- **La multiplication :** opérez par division de touffe en début de printemps.
- **Les petits soins :** si la motte a séché après un oubli d'arrosage ou une absence, faites-la tremper dans une cuvette pour qu'elle se réhydrate.

ATTENTION TOXIQUE

Cette petite plante peut se révéler légèrement toxique en cas d'ingestion. Surveillez particulièrement les chats, souvent attirés par son feuillage.

Quelles variétés choisir ?

Les formes panachées, comme 'Variegatus', à feuilles rayées de blanc-crème, sont particulièrement élégantes.

MINISCÈNE AQUATIQUE DANS LA MAISON

Récupérez un vieil aquarium qui ne sert plus pour en faire un jardin de marécage en miniature dans la maison. Constituez une couche de plantation avec un bon terreau de rempotage, groupez dans l'aquarium plusieurs plantes semi-aquatiques telles que l'acore, le papyrus et le scirpe, et maintenez le terreau détrempé en permanence, par moments même recouvert de 2 à 3 cm d'eau. Installez l'aquarium en situation assez lumineuse, mais sans soleil direct, et pas trop chaude.

moyenne

copieux

vive tamisée, ou mi-ombre

5-20 °C

Janv.	Janv.
Fév.	Fév.
Mars	Mars
Avril	Avril
Mai	Mai
Juin	Juin
Juil.	Juil.
Août	Août
Sept.	Sept.
Oct.	Oct.
Nov.	Nov.
Déc.	Déc.

■ Rempotage

Les bonnes associations

L'acore peut voisiner avec d'autres espèces qui apprécient un terreau très humide, comme les papyrus, mais aussi avec toutes les plantes vertes qui supportent la fraîcheur et une lumière moyenne, telles que les chlorophytums, les cissus, la misère...

Aeschynanthus

Ces belles plantes aux tiges retombantes de 50 à 60 cm de long, natives des forêts subtropicales asiatiques, allient un beau feuillage vernissé, coriace et charnu, vert moyen à foncé, et une floraison éclatante, le plus souvent orangée à rouge, très durable.

- **L'emplacement :** l'aeschynanthus demande beaucoup de lumière vive pour fleurir généreusement, mais il convient de le protéger en été du soleil de la mi-journée, trop ardent. Il se plaît dans une pièce relativement chaude à condition que l'on entretienne une humidité de l'air élevée autour du pot.
- **La floraison :** elle commence souvent dans l'été pour se poursuivre parfois jusqu'en début d'hiver, si la luminosité est suffisante. Les fleurs tubulées sont généralement groupées en grappes terminales, parfois solitaires.
- **L'arrosage :** arrosez environ deux fois par semaine en période chaude estivale, une fois par semaine le reste de l'année, de préférence avec une eau pas ou peu calcaire. Après la floraison, réduisez les arrosages pendant 1 mois et demi, de façon que la plante observe une période de repos végétatif, favorable à l'initiation de la floraison suivante.
- **Les apports d'engrais :** faites un apport d'engrais liquide pour plantes fleuries, tous les 15 jours d'avril à septembre.
- **Le rempotage :** opérez tous les ans ou tous les 2 ans en début de printemps, en utilisant un mélange acide à base, par exemple, de tourbe, terre de bruyère et écorce.

LE CONSEIL RUSTICA

La chute brutale des boutons floraux peut être causée par un changement d'emplacement ou des arrosages irréguliers. Ne déplacez plus le pot une fois que les boutons apparaissent et veillez à maintenir le terreau légèrement humide en permanence.

Quelles espèces et variétés choisir ?

Aeschynanthus 'Black Pagoda' est un bel hybride au feuillage sombre, teinté de pourpre au revers, portant des grappes terminales de fleurs orangé soutenu ; *A. lobbianus* présente un port rampant, étalé, des feuilles vert foncé, des grappes de fleurs rouges à calice pourpre ; *A. speciosus* offre de grandes feuilles vert sombre, ainsi que des grappes de longues fleurs tubulées, orangées marquées de rouge.

- **Les petits soins :** en situation chaude, vaporisez copieusement le feuillage (pas les fleurs), deux fois par semaine si possible.

Les bonnes associations

Cette belle plante aux tiges retombantes gagne à être cultivée en suspension, mais vous pouvez grouper plusieurs potées à des hauteurs différentes pour former un véritable rideau végétal. L'aeschynanthus pourra être installé derrière une fenêtre par exemple, avec des pothos, des chlorophytums ou des syngoniums.

moyenne

modéré

vive sans soleil direct

15-25 °C

Janv.	Janv.
Fév.	Fév.
Mars	Mars
Avril	Avril
Mai	Mai
Juin	Juin
Juil.	Juil.
Août	Août
Sept.	Sept.
Oct.	Oct.
Nov.	Nov.
Déc.	Déc.

Rempotage
Floraison
Repos

Agrumes

Originaires de l'Asie du Sud-Est, les agrumes nous sont familiers par leurs fruits si précieux en hiver, mais certains constituent aussi de très belles plantes pour la maison et le balcon. Vous apprécierez leur feuillage sombre et lustré, leur floraison délicieusement odorante, leurs fruits colorés... Toutefois, ils demandent des soins attentifs.

LE CONSEIL RUSTICA

Dans une pièce à plus de 16 °C, posez votre pot sur un lit de billes d'argile maintenues humides et vaporisez le feuillage tous les 2 ou 3 jours, pour augmenter l'humidité de l'air.

- **L'emplacement :** l'idéal est une véranda fraîche où ces plantes peuvent passer l'hiver, puis un balcon ou une terrasse à partir du mois de mai, au soleil. Si vous disposez dans la maison d'une pièce assez fraîche (qui fait moins de 18 °C, si possible) et très lumineuse, vous pouvez également y installer un petit oranger en pot.
- **La floraison :** elle a généralement lieu au printemps ou en été, en fleurs cireuses blanches, parfois rose pourpré, au parfum suave. Si la pollinisation peut s'effectuer (lors du séjour extérieur), elles sont suivies de fruits jaunes ou orangés qui persistent des mois sur l'arbuste.
- **L'arrosage :** intervenez une à deux fois par semaine du printemps au début de l'automne, selon la température. En hiver, un arrosage tous les 8 à 15 jours suffit, en veillant simplement à éviter que le terreau ne sèche en profondeur. Utilisez toujours une eau à température ambiante, non calcaire car les agrumes sont sensibles à la chlorose (carence en fer causée par un excès de calcaire), qui fait jaunir le feuillage.

ATTENTION TOXIQUE

Les agrumes sont surtout dangereux par ingestion, malgré leurs fruits comestibles. Aussi, surveillez les jeunes enfants et animaux domestiques.

Quelles espèces et variétés choisir ?

Par leurs petites dimensions (moins de 1 m en pot), leurs bouquets de petits fruits ovales, les kumquats (*Fortunella*) se prêtent bien à la culture en intérieur, de même que l'oranger calamondin, x *Citrofortunella mitis*, un hybride aux petits fruits sphériques orangés, dont il existe des formes à feuillage panaché. Vous pouvez également opter pour un citronnier, mais il ne formera fleurs et fruits que lorsqu'il aura atteint une certaine maturité.

difficile

modéré

plein soleil

5-22 °C

- **Les apports d'engrais :** fertilisez toutes les 2 semaines de mars-avril à fin septembre, avec un engrais liquide pour agrumes (ou un engrais à tomates).

- **Le rempotage :** rempotez tous les ans les jeunes sujets, puis tous les 2 ou 3 ans, dans un terreau pour agrumes ou bien dans une terre de jardin légère et non calcaire, additionnée d'un tiers de terreau de feuilles. Opérez en fin d'hiver ou début de printemps, si possible après la maturation des fruits et avant la floraison.

- **Les petits soins :** après l'hiver, raccourcissez au sécateur les pousses étiolées ou qui manquent de vigueur, pour équilibrer la silhouette.

LES PROBLÈMES À SURVEILLER

Les cochenilles à bouclier et les cochenilles farineuses sont l'ennemi numéro un des agrumes, envahissant souvent le feuillage en hiver. Mais les pucerons peuvent aussi se manifester au printemps. Surveillez les plantes pour éliminer manuellement les parasites.

Janv.	Janv.
Fév.	Fév.
Mars	Mars
Avril	Avril
Mai	Mai
Juin	Juin
Juil.	Juil.
Août	Août
Sept.	Sept.
Oct.	Oct.
Nov.	Nov.
Déc.	Déc.

Rempotage
Floraison

Alocasia, oreille d'éléphant

Ces grandes plantes vivaces à souche rhizomateuse poussent dans les forêts tropicales et les lieux humides en Asie du Sud-Est. L'espèce *Alocasia macrorrhiza* (taro) y est d'ailleurs très cultivée comme légume, pour ses rhizomes et pousses comestibles. Longtemps réservés aux serres chaudes, les alocasias font aujourd'hui une entrée remarquée dans nos appartements, grâce aux nouveaux hybrides moins encombrants et moins exigeants que les espèces d'origine.

- **L'emplacement :** installez l'alocasia près d'une fenêtre bien exposée, mais en tamisant le soleil direct entre avril et septembre, dans une pièce normalement chauffée. Une salle de bains lumineuse lui conviendra très bien, car la plante y bénéficiera d'une humidité de l'air élevée.
- **La floraison :** les inflorescences typiques de la famille des arums peuvent apparaître en toute saison, mais ne présentent que peu d'intérêt décoratif.
- **L'arrosage :** il doit être régulier, de façon à maintenir la motte légèrement humide en permanence en atmosphère chaude (espacez les apports d'eau à 16-18 °C). Arrosez une à deux fois par semaine en hiver, deux à trois fois en

LE CONSEIL RUSTICA

Entre décembre et février, saison de moindre luminosité, espacez les arrosages et placez l'alocasia un peu plus au frais pour qu'il observe une période de repos végétatif.

ATTENTION TOXIQUE

La sève de l'alocasia est légèrement toxique en cas d'ingestion et peut irriter la peau. Soyez attentif si vous avez de jeunes enfants ou des animaux domestiques.

Quelles espèces et variétés choisir ?

Aux très grandes espèces *Alocasia macrorrhiza* (jusqu'à 3-4 m) et *A. sanderiana*, il est conseillé de préférer les nouveaux hybrides plus compacts et plus adaptés à la culture en intérieur. Optez pour 'Bambino Arrow', de 40 à 50 cm de hauteur aux belles feuilles sagittées, vert sombre à nervures soulignées d'argent, ou 'Black Velvet', qui atteint 1 m, avec de grandes feuilles en cœur d'un vert si foncé qu'il semble presque noir, et des nervures argentées.

période chaude estivale, toujours avec une eau à température ambiante, pas ou peu calcaire de préférence.

- **Les apports d'engrais :** apportez un engrais liquide pour plantes vertes tous les 15 jours d'avril à septembre.
- **Le rempotage :** il est souvent nécessaire chaque année au printemps pour cette plante à croissance rapide. Si possible, enrichissez le terreau de rempotage d'un tiers à un quart de terreau de feuilles.
- **La multiplication :** au printemps, lors du rempotage, séparez les rejets qui se forment à la base de la plante mère. Ils constitueront autant de nouveaux sujets.
- **Les petits soins :** au-delà de 20 °C, l'alocasia demande une hygrométrie supérieure à 60 %, obtenue en pratiquant des vaporisations d'eau quotidiennes sous les feuilles ou bien en posant le pot sur un lit de billes d'argile maintenues humides. Si elles sont poussiéreuses, nettoyez les grandes feuilles avec un chiffon humide, ou bien douchez-les dans la baignoire.

Les bonnes associations

Vous pouvez associer ces plantes à d'autres feuillages luxuriants contrastés, par exemple ceux des pothos ou des philodendrons, mais les alocasias constituent aussi de beaux sujets à isoler.

difficile

assez copieux

vive sans soleil direct

16-25 °C

Janv.	Janv.
Fév.	Fév.
Mars	Mars
Avril	Avril
Mai	Mai
Juin	Juin
Juil.	Juil.
Août	Août
Sept.	Sept.
Oct.	Oct.
Nov.	Nov.
Déc.	Déc.

Rempotage
Repos

Amaryllis

Cette plante bulbeuse offre, entre le milieu de l'automne et la fin de l'hiver, une floraison remarquable, en énormes fleurs en trompette (atteignant parfois plus de 15 cm de diamètre) groupées par 2 à 5 à l'extrémité d'une hampe robuste. Les feuilles rubanées, arquées, apparaissent généralement après la hampe florale. Si vous disposez d'un endroit frais et hors gel pour l'hivernage du bulbe, il refleurira fidèlement chaque année.

- **L'emplacement :** en hiver, installez l'amaryllis en pleine lumière, dans une pièce normalement chauffée et lumineuse, c'est-à-dire sur un appui de fenêtre dans le salon, la salle à manger, un bureau ou une cuisine.
- **La floraison :** elle dure environ 1 mois et peut avoir lieu entre le milieu de l'automne et la fin de l'hiver, selon la période de mise en végétation du bulbe.
- **L'arrosage :** arrosez environ deux fois par semaine durant la croissance et la floraison, en laissant toujours le terreau sécher sur 2 à 3 cm entre deux apports d'eau, puis une fois par semaine jusqu'au jaunissement du feuillage. Cessez les arrosages une fois le feuillage sec.
- **Les apports d'engrais :** apportez un engrais liquide pour plantes fleuries, tous les 15 jours de l'entrée en croissance au jaunissement du feuillage.
- **Le rempotage :** effectuez-le tous les 2 ans environ, avant la remise en végétation du bulbe, en automne ou début d'hiver, dans un bon terreau de rempotage, allégé d'un peu de sable grossier ou de perlite. Choisissez un pot assez profond pour assurer la stabilité de la plante et laissez le bulbe dépasser d'un tiers au-dessus du substrat.

LE CONSEIL RUSTICA

Défleuri, l'amaryllis n'a plus grand intérêt. Sortez-le sur le balcon de mai à septembre en situation abritée.

ATTENTION TOXIQUE

La plante entière est toxique par ingestion, provoquant des troubles digestifs. Aussi, veillez à la garder hors de portée des enfants et des animaux domestiques.

Quels variétés et hybrides choisir ?

Outre les variétés classiques à très grosses fleurs blanches, roses à rouge vif et rouge sombre, parfois bicolores, vous trouverez des formes à fleurs doubles, des hybrides miniatures ou aux pétales effilés, striés de blanc, rose à rouge et vert, très élégants.

LES PROBLÈMES À SURVEILLER

Évitez toute humidité stagnante qui peut entraîner la pourriture du bulbe, surtout en conditions fraîches.

facile

modéré

vive sans soleil direct

5-25 °C

- **La multiplication :** les bulbes conservés plusieurs années forment souvent des bulbilles faciles à séparer lorsqu'elles dépassent 6 cm de diamètre. Les jeunes bulbes ne fleurissent pas avant 3 ans de culture.
- **Les petits soins :** coupez les hampes à la base dès que les fleurs sont fanées. Après jaunissement du feuillage, coupez celui-ci à la base et gardez le bulbe dans son pot, au frais et au sec pour la période de repos végétatif de 3 mois au moins, par exemple au fond du garage ou dans une cave aérée. Entre le début de l'automne et le milieu de l'hiver, ramenez le pot à la lumière et à la chaleur dans la maison, reprenez progressivement les arrosages pour stimuler la croissance.

Janv.	Janv.
Fév.	Fév.
Mars	Mars
Avril	Avril
Mai	Mai
Juin	Juin
Juil.	Juil.
Août	Août
Sept.	Sept.
Oct.	Oct.
Nov.	Nov.
Déc.	Déc.

Rempotage
Floraison

Les bonnes associations
De petites plantes vertes discrètes, telles que le lierre ou l'asparagus, mettront bien en valeur la floraison éblouissante de l'amaryllis.

Anthurium, flamant rose

Natifs des forêts tropicales humides d'Amérique du Sud, de Colombie en particulier, les anthuriums appartiennent à la famille des Aracées, comme les arums de nos jardins, et présentent une inflorescence caractéristique, le spadice, fin, dressé ou spiralé, entouré d'une spathe cireuse blanche, rose à rouge vif. Assez exigeantes, ces belles plantes peuvent fleurir presque toute l'année si les conditions de culture leur conviennent.

- **L'emplacement :** l'idéal est une situation très lumineuse, sans soleil direct entre avril et octobre (mais le soleil est bénéfique en hiver), une chaleur constante (18 à 22 °C si possible en hiver) et une humidité de l'air assez élevée. L'anthurium se plaira donc dans une salle de bains claire, ou dans le salon si vous prenez soin de poser son pot sur un lit de billes d'argile humides.

- **La floraison :** si la luminosité est suffisante en hiver, elle peut se renouveler toute l'année. De plus, chaque inflorescence demeure décorative durant plusieurs semaines.

- **L'arrosage :** arrosez environ deux fois par semaine lorsque la température est élevée, une fois par semaine en hiver à moins de 20 °C, en laissant toujours le terreau sécher sur 2 à 3 cm avant tout nouvel apport. Utilisez une eau non calcaire, à température ambiante.

Quelles espèces et hybrides choisir ?

Les espèces les plus cultivées sont *Anthurium andreanum*, qui forme de larges touffes, et *A. scherzerianum*, plus compact. Mais préférez les nouveaux hybrides, qui s'adaptent mieux à la culture en intérieur et offrent une belle palette de coloris, blanc, rose à rouge, à spathe parfois tachetée.

LE CONSEIL RUSTICA

En mars-avril, réduisez les arrosages et gardez la plante plus au frais (16-18 °C) pour qu'elle se repose 1 mois environ. Elle n'en refleurira que mieux.

ATTENTION TOXIQUE

L'anthurium est toxique en cas d'ingestion et peut irriter la peau et les muqueuses. Attention aux jeunes enfants ou animaux domestiques !

- **Les apports d'engrais :** il est bon de fertiliser tous les 10 à 15 jours d'avril à septembre, avec un engrais liquide pour plantes fleuries.
- **Le rempotage :** il doit avoir lieu tous les ans ou tous les 2 ans si les racines sont à l'étroit, au printemps, dans un mélange composé en parts égales de terreau de rempotage et de terre de bruyère.
- **La multiplication :** vous pouvez diviser les touffes bien développées au printemps.
- **Les petits soins :** si les tiges florales ploient sous le poids de la spathe, soutenez-les par de fins tuteurs. Il est aussi recommandé de couper à la base les feuilles sèches et les inflorescences fanées.
- **Une plante dépolluante :** l'anthurium se distingue par son aptitude à éliminer l'amoniac, très utilisé dans les cuisines et les salles de bains, des pièces où il sera aussi décoratif qu'utile.

LES PROBLÈMES À SURVEILLER

Les cochenilles peuvent envahir les feuilles et même les spathes. Ouvrez l'œil en hiver pour les éliminer aussitôt manuellement.

moyenne

assez copieux

vive sans soleil direct, ou vive tamisée

5-25 °C

Janv.	Janv.
Fév.	Fév.
Mars	Mars
Avril	Avril
Mai	Mai
Juin	Juin
Juil.	Juil.
Août	Août
Sept.	Sept.
Oct.	Oct.
Nov.	Nov.
Déc.	Déc.

- Rempotage
- Floraison
- Repos

Les bonnes associations

Entourez le pot de votre anthurium de petites plantes vertes au feuillage léger qui mettront bien sa floraison en valeur et contribueront à augmenter l'humidité de l'air, par exemple l'asparagus plumeux, l'hypoestes, le *Ficus pumila* ou le piléa.

Ardisia, ardisie

Originaire d'Asie du Sud-Est, cette plante, qui dépasse rarement 50 à 60 cm de hauteur à l'achat, est dans son habitat d'origine un arbuste. En pot, elle déploie des feuilles lancéolées, d'un vert foncé lustré, et des bouquets de baies rouge vif qui persistent plus de 6 mois si les conditions de culture lui sont favorables. Il n'est malheureusement pas facile d'obtenir une nouvelle fructification dans la maison.

- **L'emplacement :** beaucoup de lumière, même le plein soleil en hiver, et une température modérée, de l'ordre de 15 à 16 °C pour profiter longtemps des baies, sont l'idéal pour l'ardisie. Vous pouvez l'installer par exemple dans une véranda, mais elle s'adapte aussi dans une pièce normalement chauffée, comme le salon ou la salle à manger.
- **La floraison :** elle a lieu en début d'été, en bouquets de petites fleurs blanc rosé odorantes, suivies de baies rouge brillant très décoratives. Pour favoriser la fructification, sortez l'ardisie sur un balcon ou la terrasse à partir de fin mai.
- **L'arrosage :** arrosez environ deux fois par semaine entre le milieu du printemps et le milieu de l'automne, de façon à maintenir le mélange légèrement humide mais sans excès ; à peine une fois par semaine en hiver à température fraîche. Utilisez de préférence une eau peu ou pas calcaire.
- **Les apports d'engrais :** apportez un engrais liquide pour plantes fleuries, toutes les 2 ou 3 semaines d'avril à septembre.
- **Le rempotage :** opérez au printemps, si les racines débordent du pot, en choisissant un terreau de rempotage léger.
- **Les petits soins :** si la température de la pièce dépasse 16 °C en hiver, posez le pot sur un lit de billes d'argile humides pour augmenter l'humidité de l'air autour de la plante, et vaporisez régulièrement le revers des feuilles.

LE CONSEIL RUSTICA

Pour favoriser une nouvelle fructification, surtout si vous gardez la plante en intérieur, intervenez manuellement durant la floraison pour polliniser les fleurs avec un pinceau fin.

ATTENTION TOXIQUE

Ne laissez pas les enfants approcher de trop près les baies rouges de l'ardisia, très attirantes mais toxiques.

moyenne

assez copieux

vive sans soleil direct

10-22 °C

Janv.	Janv.
Fév.	Fév.
Mars	Mars
Avril	Avril
Mai	Mai
Juin	Juin
Juil.	Juil.
Août	Août
Sept.	Sept.
Oct.	Oct.
Nov.	Nov.
Déc.	Déc.

Rempotage
Floraison
Fructification

Les bonnes associations

Associez l'ardisie à des piments d'ornement en automne, pour une scène très colorée ; à de petits poinsettias et amaryllis rouges pour des fêtes de fin d'année éclatantes.

Asparagus

Originaires d'Afrique du Sud, ces plantes vertes courantes dans nos intérieurs, utilisées aussi comme feuillage pour les bouquets, appartiennent au même genre botanique que l'asperge cultivée dans les potagers. Faciles à vivre et robustes, les asparagus sont précieux pour leur port étalé, leur feuillage fin et plumeux évoquant celui des fougères.

- **L'emplacement :** appréciant une lumière vive mais supportant aussi une lumière tamisée, très adaptables côté température, les asparagus trouvent leur place dans la maison aussi bien dans une cage d'escalier ou une entrée claire mais fraîche que dans le salon ou la salle de bains.
- **La floraison :** de petites fleurs blanches insignifiantes, parfois suivies de baies rouges, peuvent se développer en été. Attention : ces dernières sont toxiques !
- **L'arrosage :** arrosez copieusement environ deux fois par semaine en période chaude estivale, puis une fois par semaine le reste de l'année, même moins en ambiance fraîche.
- **Les apports d'engrais :** apportez un engrais liquide ordinaire tous les 15 jours d'avril à septembre.
- **Le rempotage :** il est à entreprendre en fin d'hiver ou au printemps, lorsque les racines charnues sont à l'étroit dans le pot et menacent de le faire éclater. Utilisez un terreau de rempotage ordinaire, éventuellement enrichi d'un peu de compost de jardin.

LE CONSEIL RUSTICA

Si vous avez multiplié l'asparagus, vous pouvez utiliser les jeunes sujets dans vos jardinières estivales pour une exposition légèrement ombragée, par exemple avec des lobélias, des bégonias tubéreux et des géraniums.

ATTENTION TOXIQUE

Le feuillage et les baies sont toxiques, en particulier pour les animaux domestiques, chez lesquels ils peuvent provoquer une hypersalivation.

Quelles espèces et variétés choisir ?

Le plus courant en intérieur et le plus robuste est sans doute *Asparagus densiflorus*, représenté par ses variétés 'Sprengeri' aux fines tiges arquées à retombantes, au feuillage en aiguilles vert vif, et 'Myers' aux longs goupillons de fin feuillage vert tendre. *A. plumosus* est surtout utilisé dans les bouquets, car il est plus sensible à l'air sec.

facile

assez copieux

vive sans soleil direct

8-25 °C

- **La multiplication :** divisez les touffes trop denses au printemps, en veillant à ce que chaque éclat porte plusieurs racines charnues saines et plusieurs pousses.
- **Les petits soins :** n'hésitez pas à rabattre à la base les tiges qui sèchent ou jaunissent, la souche émettra rapidement de nouvelles pousses si elle est correctement arrosée et reçoit suffisamment de lumière.

Les bonnes associations

Des plantes fleuries saisonnières comme les bégonias, les cyclamens, les azalées ou les primevères seront bien mises en valeur dans un écrin de feuillage plumeux. Facile à vivre, l'asparagus peut aussi être associé à des feuillages décoratifs de formes ou teintes contrastées tels que ceux des fougères nid d'oiseau, des chlorophytums...

Janv.	Janv.
Fév.	Fév.
Mars	Mars
Avril	Avril
Mai	Mai
Juin	Juin
Juil.	Juil.
Août	Août
Sept.	Sept.
Oct.	Oct.
Nov.	Nov.
Déc.	Déc.

■ Rempotage

Azalée

L'azalée des fleuristes appartient au grand genre botanique *Rhododendron* et correspond à un groupe d'hybrides issus d'espèces asiatiques. Elle est très appréciée pour sa belle floraison qui s'épanouit entre la fin de l'automne et le milieu du printemps, mais demande des soins attentifs pour durer.

- **L'emplacement :** l'emplacement idéal pour l'azalée est lumineux, frais (15 à 18 °C) et aéré. Si vous la gardez dans une pièce chauffée, salon ou salle à manger par exemple, posez son pot sur un lit de billes d'argile trempant dans un peu d'eau pour augmenter l'humidité de l'air et essayez de la placer plus au frais pour la nuit.

- **La floraison :** elle a lieu entre la fin de l'automne et le milieu du printemps selon la période d'achat et dure plusieurs semaines si on peut garder l'azalée au frais. Il est difficile de la faire refleurir les années suivantes si on ne dispose pas d'une serre ou d'une véranda.

- **L'arrosage :** il doit être très régulier pour éviter que le terreau ne sèche sur plus de 2 cm en période de floraison, mais il faut aussi éviter l'humidité stagnante. Dans une pièce assez chaude, il est souvent nécessaire d'arroser tous les 2 jours durant la floraison, impérativement avec une eau non calcaire, à température ambiante. Après la floraison, réduisez légèrement les arrosages, mais ne laissez jamais le mélange sécher en profondeur.

- **Les apports d'engrais :** toutes les 2 semaines de février à août, fertilisez avec un engrais liquide pour plantes acidophiles (plantes de terre de bruyère).

- **Le rempotage :** il doit avoir lieu chaque année au printemps, si vous désirez conserver l'azalée, dans un pot large rempli de terre de bruyère.

LE CONSEIL RUSTICA

À l'automne et au printemps, conservez l'azalée en véranda ou en serre peu chauffée (10-12 °C), puis en été au jardin à mi-ombre.

ATTENTION TOXIQUE

Les feuilles de l'azalée sont toxiques en cas d'ingestion. Surveillez les jeunes enfants et les animaux domestiques.

Quelles variétés choisir ?

Faites votre choix chez les fleuristes et dans les jardineries entre les formes à fleurs simples ou doubles, unies ou bicolores, buissonnantes ou formées sur tige.

- **Les petits soins :** si l'arrosage est difficile, car le mélange est compact et les racines superficielles nombreuses, arrosez votre azalée par immersion, c'est-à-dire en plongeant la base du pot dans une cuvette remplie d'eau.
- **Une plante dépolluante :** l'azalée possède la capacité d'absorber l'ammoniac, le xylène et le formaldéhyde, présents dans les peintures et revêtements de sol.

LES PROBLÈMES À SURVEILLER

Si feuilles et fleurs sèchent et tombent en nombre, c'est sans doute le signe que l'emplacement est trop chaud et trop sec pour l'azalée.

Les bonnes associations
Associez l'azalée à des plantes qui apprécient également la fraîcheur, comme les potées de bulbes, les primevères, les petits lierres et les fougères.

difficile

assez copieux

vive tamisée

8-20 °C

Janv.	Janv.
Fév.	Fév.
Mars	Mars
Avril	Avril
Mai	Mai
Juin	Juin
Juil.	Juil.
Août	Août
Sept.	Sept.
Oct.	Oct.
Nov.	Nov.
Déc.	Déc.

Rempotage
Floraison

Bambou d'appartement, bambou nain

LE CONSEIL RUSTICA

Si votre bambou d'appartement a mauvaise mine à votre retour de vacances, ayant souffert de la sécheresse, tentez une taille drastique : coupez toutes les tiges à la base, reprenez des arrosages réguliers, entretenez une bonne hygrométrie et il devrait reformer une belle touffe verte.

Ce bambou miniature, natif d'Asie et d'Australie, forme en pot une belle touffe de feuillage léger, en fines feuilles linéaires vert moyen, portées par des tiges ou chaumes fins. Il ne dépasse guère 40 à 50 cm de hauteur, mais les touffes peuvent atteindre plus de 60 cm de diamètre dans de bonnes conditions de culture, sous serre notamment. Il est un peu délicat à conserver dans la maison, exigeant à la fois lumière et bonne humidité de l'air. Mais son feuillage graphique est précieux dans une véranda, une salle de bains ou un bureau.

- **L' emplacement :** beaucoup de lumière vive toute l'année, mais pas de soleil direct en été, une température douce et assez constante, une humidité de l'air élevée, voici les exigences du bambou d'appartement pour prospérer dans un intérieur. Il peut passer l'été dehors en situation abritée, légèrement ombragée, à condition de recevoir des arrosages très réguliers.

- **L'arrosage :** il est un peu délicat à doser, car cette plante demande en permanence un terreau frais, tout en craignant l'humidité stagnante. Il est nécessaire d'arroser jusqu'à deux ou trois fois par semaine en période chaude, une à deux fois par semaine le reste de l'année, toujours avec une eau douce et à température ambiante. Si nécessaire, videz la soucoupe ou le cache-pot 1 heure après l'arrosage.

- **Les apports d'engrais :** fertilisez toutes les 2 ou 3 semaines d'avril à septembre, avec un engrais liquide pour plantes vertes.

- **Le rempotage :** il s'impose chaque année en fin d'hiver ou début de printemps. Utilisez un mélange riche en matière organique, retenant bien l'humidité, par exemple composé pour moitié de terreau de rempotage, auquel vous ajouterez un quart de terre de jardin et un quart de terreau de feuilles.

- **La multiplication :** les touffes bien développées peuvent être divisées en mars-avril. Dépotez la plante et séparez à la main la motte de racines en 2 petites touffes de taille équivalente. Rempotez les éclats de touffe dans du terreau frais et pratiquez des arrosages réguliers jusqu'à la reprise de la croissance.

- **Les petits soins :** dès que la température dépasse 18 °C, posez le pot sur un lit de billes d'argile humides et bassinez fréquemment le feuillage. Veillez à ce que le niveau de l'eau sous le pot n'atteigne pas les racines qui risqueraient ainsi de pourrir rapidement.

LES PROBLÈMES À SURVEILLER

Des feuilles qui jaunissent et tombent en nombre sont généralement le signe d'arrosages excessifs, tandis que des feuilles qui sèchent indiquent le plus souvent une humidité de l'air insuffisante, parfois aussi un terreau trop sec.

Les bonnes associations

Associez ce bambou à d'autres plantes vertes de taille petite à moyenne, offrant des feuillages contrastés, à la fois pour composer des scènes décoratives et pour créer un microclimat plus humide. Choisissez par exemple des asparagus, maranta, pépéromia, misère ou syngonium.

difficile

assez copieux

vive sans soleil direct

15-25 °C

Janv.	Janv.
Fév.	Fév.
Mars	Mars
Avril	Avril
Mai	Mai
Juin	Juin
Juil.	Juil.
Août	Août
Sept.	Sept.
Oct.	Oct.
Nov.	Nov.
Déc.	Déc.

Rempotage

Beaucarnéa, pied d'éléphant

Dans son habitat d'origine – les zones semi-désertiques du sud des États-Unis et du Mexique –, cette plante étonnante prend l'aspect d'un arbre de 5 à 8 m de hauteur, au « tronc » renflé à la base, aux feuilles rubanées, coriaces, groupées en touffes terminales. Cultivée en pot dans nos intérieurs, elle supporte bien l'air sec et apporte une note très graphique.

- **L'emplacement :** la pleine lumière, et même le soleil direct, sont nécessaires au beaucarnéa.
- **La floraison :** très rare en intérieur, elle se présente sous la forme de panicules terminales de petites fleurs blanc rosé.
- **L'arrosage :** ayez la main légère et ne craignez pas quelques oublis, car la base renflée du « tronc » sert à cette plante d'organe de réserve d'eau en période sèche. En règle générale, il est bon d'arroser environ une fois par semaine entre le printemps et le début de l'automne, puis tous les 10 à 15 jours seulement en hiver, selon la température. Agissez toujours avec modération, sans trop imbiber la motte.
- **Les apports d'engrais :** 2 à 3 apports mensuels d'engrais liquide, dilué de moitié, suffisent dans l'été.
- **Le rempotage :** il ne s'impose que tous les 2 ou 3 ans, pas plus. Utilisez un pot large et peu profond, et un terreau pour plantes grasses ou un terreau de rempotage ordinaire additionné d'un tiers de sable grossier ou de perlite.
- **La multiplication :** si des rejets se forment autour du pied de la plante, séparez-les au printemps et rempotez-les individuellement.

LE CONSEIL RUSTICA

Couvrez la surface du terreau d'un paillis de fins gravillons blancs ou gris qui mettra d'autant plus en valeur le pied d'éléphant et maintiendra la base du « tronc » au sec.

UN « ARBRE » DE PRIX

La croissance du beaucarnéa est très lente, ce qui explique le prix élevé des grands sujets.

facile

parcimonieux

plein soleil

10-25 °C

LES PROBLÈMES À SURVEILLER

Les cochenilles farineuses peuvent envahir les feuilles. Ces petits amas cotonneux blanchâtres sont difficiles à éliminer. Si nécessaire, faites une pulvérisation avec une huile minérale pour en venir à bout.

- **Les petits soins :** en période chaude estivale, vaporisez de temps à autre le feuillage, qui se trouvera ainsi dépoussiéré en douceur.

Janv.	Janv.
Fév.	Fév.
Mars	Mars
Avril	Avril
Mai	Mai
Juin	Juin
Juil.	Juil.
Août	Août
Sept.	Sept.
Oct.	Oct.
Nov.	Nov.
Déc.	Déc.

Rempotage (Mars, Avril)

Les bonnes associations

Le pied d'éléphant, aussi nommé arbre bouteille, se plaît en compagnie de petites plantes grasses dans une collection présentée sur une étagère, par exemple un céropégia, un agave, de petits cactus... Mais un beau sujet gagne aussi à être isolé pour mieux faire admirer sa silhouette originale, dans un contenant peu profond rappelant les pots à bonsaï.

Bégonia

Les bégonias se déclinent dans la maison en innombrables espèces et hybrides, surtout décoratifs par leur feuillage, souvent aussi par une floraison légère et élégante. À vous de choisir vos préférés, entre les sujets bambusiformes aux tiges charnues dressées, ou au contraire à port étalé, entre les feuillages arrondis ou effilés, gaufrés ou veloutés, dans toutes les nuances de vert, avec des motifs bruns, roses, rouge sombre…

LE CONSEIL RUSTICA

Considérez les bégonias à fleurs (*Begonia* x *hiemalis*) comme des plantes saisonnières. Soignez-les de la même façon que les autres bégonias d'intérieur.

- **L'emplacement :** les bégonias apprécient toute l'année une lumière vive, mais épargnez-leur le soleil direct entre mars et octobre, car leurs feuilles sont sensibles aux brûlures. Une pièce lumineuse et pas trop chaude offre un excellent environnement (chambre, bureau ou autre).
- **La floraison :** elle peut être obtenue en toute saison pour les bégonias à fleurs, souvent au printemps et en été pour les bégonias à feuillage décoratif.
- **L'arrosage :** sachez vous montrer modéré en la matière, en évitant surtout toute humidité stagnante, qui peut entraîner la pourriture de la plante. En règle générale, arrosez environ deux fois par semaine en période chaude estivale, une fois par semaine le reste de l'année, même moins en cas de température fraîche (15 à 18 °C). Laissez toujours le terreau sécher sur quelques centimètres avant tout nouvel apport d'eau.
- **Les apports d'engrais :** fertilisez toutes les 2 semaines d'avril à fin septembre, avec un engrais liquide ordinaire.

ATTENTION TOXIQUE

Les bégonias, et leurs racines notamment, sont toxiques. Surveillez vos animaux domestiques.

Quelles espèces et variétés choisir ?

Les bégonias rex sont bien connus pour leurs feuilles panachées de rose, brun, pourpre, argent ; *Begonia* 'Cleopatra' est un bel hybride au feuillage vert clair marbré de brun, pourpre au revers, mais recherchez aussi des espèces botaniques comme *B. albopicta*, à feuilles vert brillant tachetées d'argent, ou *B. metallica*, à grandes feuilles ovales, vert soutenu à reflets métalliques, nervures teintées de brun pourpré et floraison rose.

- **Le rempotage :** il s'impose tous les 2 ans environ, au printemps, si les racines charnues ont colonisé tout le pot. Choisissez un contenant assez large et un terreau léger, par exemple composé d'une moitié de terreau de rempotage, d'un quart de terreau de feuilles et d'un quart de sable grossier.
- **La multiplication :** certains bégonias à feuillage peuvent être multipliés par division de touffe, mais la plupart se prêtent bien au bouturage de feuilles, plaquées en surface d'un terreau humide, qui donnent alors naissance à de nouvelles plantules.
- **Les petits soins :** supprimez régulièrement les feuilles jaunies et abîmées. Au printemps, n'hésitez surtout pas à rabattre à la base les tiges dégarnies des formes buissonnantes ou dressées, elles émettront de nouvelles pousses vigoureuses.
- **Une plante dépolluante :** les bégonias, à fleurs surtout, sont intéressants pour leurs propriétés dépolluantes. Alors, ne vous privez pas de leur floraison colorée !

LES PROBLÈMES À SURVEILLER

Se manifestant sous forme de taches blanchâtres sur le feuillage, l'oïdium est l'ennemi numéro un des bégonias. Il faut éviter les variations brutales de température et d'humidité et surtout veiller à une bonne circulation d'air autour du feuillage.

moyenne

modéré

vive sans soleil direct

15-22 °C

Janv.	Janv.
Fév.	Fév.
Mars	Mars
Avril	Avril
Mai	Mai
Juin	Juin
Juil.	Juil.
Août	Août
Sept.	Sept.
Oct.	Oct.
Nov.	Nov.
Déc.	Déc.

Rempotage
Floraison

Les bonnes associations

Pensez aux autres bégonias à feuillage décoratif, dans un esprit de collection, ou à des plantes vertes appréciant des conditions de culture similaires, par exemple un piléa, un maranta, un syngonium...

Bélopérone, plante-crevette

LE CONSEIL RUSTICA

Sortez la plante-crevette sur le balcon ou la terrasse pour l'été, en situation abritée et légèrement ombragée. Ce séjour extérieur stimule la floraison et une coloration plus soutenue des bractées.

D'origine mexicaine, cette plante est dans son habitat un arbuste à feuillage persistant au port souple et buissonnant. Dans nos intérieurs, elle dépasse rarement 1 m de hauteur et est appréciée pour sa très longue floraison en épis pendants, arqués, composés de bractées imbriquées, rose orangé (couleur crevette), entourant de fines fleurs blanches.

- **L'emplacement :** il faut le plus possible de lumière vive à cette plante pour une floraison soutenue au fil des saisons. Installez-la, par exemple, dans une véranda ou derrière une grande baie, en lui épargnant toutefois le soleil direct (si elle se trouve derrière une vitre) entre avril et septembre. Elle s'adapte à une large gamme de températures, mais apprécie un peu de fraîcheur en hiver.

- **La floraison :** elle peut se renouveler toute l'année si la plante reçoit suffisamment de lumière, puis cesse 1 ou 2 mois avant de reprendre.

- **L'arrosage :** arrosez modérément, en laissant sécher le terreau sur quelques centimètres avant tout nouvel apport d'eau, soit jusqu'à deux fois par semaine en été, une fois par semaine le reste de l'année, même moins si la plante passe l'hiver en atmosphère fraîche ou en fin de floraison.

- **Les apports d'engrais :** fertilisez avec un engrais liquide pour plantes fleuries tous les 15 jours d'avril à octobre, puis une fois par mois jusqu'au printemps, à faible dosage, si la plante-crevette poursuit sa floraison.

Quelles variétés choisir ?

Outre l'espèce type, recherchez les variétés 'Chartreuse', remarquable par ses bractées jaune-vert acidulé, très lumineuses, 'Lutea', dont les bractées virent du jaune au rose, ou bien 'Yellow Queen', aux inflorescences jaune vif.

moyenne

modéré

vive sans soleil direct

10-22 °C

- **Le rempotage :** il doit avoir lieu tous les ans ou tous les 2 ans, au printemps, dans un bon terreau de rempotage.
- **Les petits soins :** intervenez en fin d'hiver pour rectifier la silhouette, rabattre les tiges trop longues ou dégarnies de façon à conserver à la plante un port assez compact, faute de quoi votre bélopérone se dégarnira à la base.

LES PROBLÈMES À SURVEILLER

Les pucerons peuvent envahir les pousses, et même les inflorescences, au printemps. Au besoin, rabattez les tiges envahies.

Rempotage	Floraison
Janv.	Janv.
Fév.	Fév.
Mars (rempotage)	Mars
Avril (rempotage)	Avril
Mai	Mai
Juin	Juin
Juil.	Juil.
Août	Août
Sept.	Sept.
Oct.	Oct.
Nov.	Nov.
Déc.	Déc.

Rempotage
Floraison

Les bonnes associations
Des plantes vertes plus basses mettront sa floraison originale en valeur, comme une misère, un dizygothéca ou un dieffenbachia.

Broméliacées

Cette famille végétale, qui est presque exclusivement présente dans les forêts tropicales humides d'Amérique, rassemble des plantes épiphytes aux caractéristiques bien particulières. La plupart se développent donc ancrées sur une branche d'arbre, formant une rosette de feuilles coriaces, en entonnoir, qui permet à la plante de stocker l'eau de pluie dans un « réservoir » central. Leurs inflorescences, qui apparaissent entre les feuilles, sont en forme d'épi ou de panicule, qui sont très durables et généralement pourvues de bractées très colorées.

Dans la maison

Les Broméliacées se plaisent dans une pièce normalement chauffée, mais surtout très lumineuse. Ne les protégez du soleil qu'entre mai et septembre. Vous veillerez aussi à offrir suffisamment d'espace aux rosettes qui peuvent atteindre pour certaines de grandes dimensions, avec des feuilles souvent épineuses à leur extrémité. Ces plantes supportent bien un air sec et composent donc de beaux sujets graphiques et colorés pour le salon ou la salle à manger, ou encore pour un bureau bien ensoleillé.

Des exigences particulières

Par leur nature généralement épiphyte (bien que l'ananas soit une Broméliacée terrestre), ces plantes demandent un mélange terreux spécifique. Vous trouverez dans le commerce des terreaux qui leur sont destinés, mais vous pouvez aussi préparer un mélange composé d'un tiers de tourbe blonde, un tiers d'écorce de calibre moyen et un tiers de sable grossier. Ce terreau de rempotage sert au moment de la multiplication, puis lors de la croissance des jeunes rejets, à rempoter tous les ans jusqu'à la floraison (voir page suivante).

Comment les arroser ?

Tout comme elles demandent un terreau acide, les Broméliacées ont besoin d'une eau non calcaire, à température ambiante. Arrosez modérément, rarement plus d'une fois par semaine, même très peu en hiver en atmosphère fraîche. Versez un peu d'eau au cœur de la rosette lorsque celle-ci forme un entonnoir, mais seulement en ambiance chaude, sans quoi la présence d'eau peut provoquer la pourriture de la base des feuilles.

Il est nécessaire d'apporter un engrais pour orchidées ou pour plantes fleuries faiblement dosé, toutes les 3 semaines de mars à septembre.

Aechméa

Les nombreuses espèces du genre, qui sont près de 200, forment une rosette de grandes feuilles épaisses, larges et coriaces, à bord épineux, vert souvent teinté ou strié de gris. L'inflorescence très colorée persiste plusieurs mois. Elle présente des bractées roses et des fleurs violettes pour *Aechmea fasciata* notamment.

facile

parcimonieux

vive sans soleil direct

12-25 °C

LE CONSEIL RUSTICA

Bassinez fréquemment le feuillage à l'eau douce et tiédie, lorsque la température de la pièce dépasse 20 à 22 °C.

■ Éphémères, mais faciles à multiplier

Les Broméliacées présentent la particularité de ne fleurir qu'une fois, c'est-à-dire que la rosette de feuilles ayant fleuri meurt dans les mois qui suivent la floraison. Mais fort heureusement, avant de mourir, celle-ci développe deux ou trois rejets autour de la base de la rosette d'origine, assurant ainsi sa survie. Il vous suffit de séparer et rempoter ces rejets, lorsqu'ils sont bien développés et enracinés, pour multiplier ces plantes originales.

■ Des plantes dépolluantes

Il semblerait que les Broméliacées aient une certaine capacité pour absorber le benzène souvent présent dans les peintures et nombre de détergents utilisés dans la maison.

Guzmania

moyenn
modéré
vive san
soleil dir
15-25 °

Avec leurs grandes rosettes de feuilles étroites, coriaces et brillantes, vert parfois rayé de rouge-brun, leurs inflorescences dressées aux bractées souvent éclatantes, comme celles de *Guzmania lingulata*, rouge vif, les guzmanias ne passent pas inaperçus. Vous pouvez grouper plusieurs espèces ou hybrides pour un tableau très coloré.

LE CONSEIL RUSTICA

Évitez aux guzmanias les chutes brutales de température et vaporisez fréquemment le feuillage lorsque la température excède 20 à 22 °C.

Billbergia

facile
modéré
vive sans soleil direct
15-25 °C

Ces Broméliacées forment des rosettes de feuilles rubanées assez étroites, plus ou moins souples, vert uni ou panaché de gris selon les espèces, puis des inflorescences arquées et retombantes, à bractées roses à rouges et fleurs contrastées, s'épanouissant généralement en été.

LE CONSEIL RUSTICA

Billbergia nutans, au feuillage assez souple et aux inflorescences arquées, fait bel effet en suspension et gagne à passer l'été dehors, suspendu dans un arbre ou un arbuste, sous une ombre légère.

ıoyenne

ıoyenne

ve sans
eil direct

2-25 °C

Tillandsia

Les tillandsias présentent, selon les espèces, une grande diversité d'aspects, mais on rencontre essentiellement soit de fines feuilles grises couvertes d'écailles, en rosettes souples qui se prêtent bien à une culture sur une plaque d'écorce, soit des rosettes de longues et fines feuilles vert foncé. Comme *Tillandsia cyanea*, ces derniers offrent un large épi aplati de bractées roses imbriquées.

LE CONSEIL RUSTICA

Vaporisez quotidiennement les tillandsias cultivés sur un morceau de bois ou d'écorce, et arrosez une fois par semaine les sujets cultivés en pot.

Cactées

La grande famille des cactées compte plus de 2 000 espèces, essentiellement des plantes originaires des zones désertiques d'Amérique centrale et du Sud, bien connues pour leur aspect de cactus caractéristique, avec des tiges dépourvues de feuilles, des fleurs et épines rassemblées au niveau des aréoles. Cependant, quelques-unes se distinguent par leur caractère épiphyte, poussant dans les arbres des forêts tropicales comme le cactus de Noël, à la floraison très généreuse.

Dans la maison

Nombre de cactus, du désert ou épiphytes, s'adaptent bien dans nos intérieurs. Les premiers se plaisent sur un appui de fenêtre en plein soleil et ne craignent pas l'air sec, tandis que les seconds demandent une lumière un peu tamisée.
Les espèces du désert se prêtent à merveille à des collections alignées sur un appui de fenêtre ou à une plantation en minijardin désertique dans une coupe. Les épiphytes à port retombant font, quant à eux, de beaux sujets pour les suspensions.

Les cactées du désert, très sobres

Les petits cactus typiques cultivés dans nos maisons comme en serre froide développent leurs formes en colonnes ou en coussins épineux. S'ils sont parfois peu enclins à fleurir dans la maison, c'est qu'ils demandent en hiver une période de repos au frais (10 à 12 °C) et quasiment au sec. Ces cactus exigent un substrat très drainant, terreau pour cactées et plantes grasses du commerce, ou bien un mélange composé d'une moitié de sable grossier, d'un quart de terreau de feuilles et d'un quart de terre de jardin. Donnez-leur une fois par mois un engrais liquide pour cactées entre avril et septembre. Pour les arrosages, ayez la main très légère, laissez le terreau sécher en profondeur avant d'apporter à nouveau de l'eau, soit tous les 8 à 10 jours, pas plus, en été, à peine une fois par mois en hiver en atmosphère fraîche.

Les cactées épiphytes, des fleurs à foison

Ces plantes développent des tiges constituées d'articles aplatis qui ressemblent à des feuilles et ont une floraison généralement très durable – plusieurs mois pour le cactus de

Noël –, en grandes fleurs colorées, tubulées. Elles sont plus exigeantes en matière d'arrosage : jusqu'à deux fois par semaine en période chaude, une fois par semaine le reste de l'année, avec une eau douce si possible. Faites des apports d'engrais liquide pour plantes fleuries, toutes les 2 à 3 semaines d'avril à septembre.

Des plantes dépolluantes

Les cactus des zones désertiques, en particulier *Cereus peruvianus*, auraient une efficacité intéressante non pour lutter contre les substances polluantes, mais pour absorber les ondes électromagnétiques émises par les téléviseurs, les ordinateurs... À adopter donc dans tous les bureaux !

Barbe-de-vieillard

Cephalocereus senilis

facile

parcimonieux

plein soleil

12-25 °C

C'est un cactus original, dont la tige dressée et côtelée, est presque masquée par de longs poils argentés et soyeux évoquant une « barbe de vieillard ». Sa croissance est lente et il fleurit rarement dans la maison. Il est recommandé de l'adopter dans une collection pour son aspect caractéristique.

LE CONSEIL RUSTICA

De temps à autre, en fin d'hiver en particulier, il est nécessaire de dépoussiérer ce cactus à l'aide d'un sèche-cheveux réglé sur une position donnant un courant d'air doux et non chauffé.

Cactus cierge, cierge du Pérou

Cereus peruvianus

Les cactus cierges, du genre *Cereus*, développent de longues tiges dressées qui peuvent atteindre près de 1 m de hauteur, même en pot, au bout d'une dizaine d'années. La floraison nocturne et estivale, en très grandes fleurs, est malheureusement rare dans la maison, car elle exige un hivernage au frais (10 °C) et au sec.

LE CONSEIL RUSTICA

Les grands cierges sont souvent instables en pot. N'attendez pas qu'ils menacent de se renverser, soutenez leurs tiges colonnaires par un tuteur.

Cactus de Noël

- facile
- modéré
- vive sans leil direct
- 12-25 °C

Schlumbergera

Ces cactus épiphytes, généralement des hybrides, sont très prisés pour leur croissance vigoureuse et leur floraison généreuse et durable. Ils s'épanouissent souvent de décembre à mars-avril. Les fleurs roses à pourpres, parfois blanches, se renouvellent à l'extrémité des tiges retombantes.

LE CONSEIL RUSTICA

Une fois qu'apparaissent les premiers boutons floraux, veillez à des arrosages réguliers, ne déplacez plus le pot et évitez toute variation brutale de température, car ces facteurs peuvent entraîner la chute des fleurs.

Mammillaria

- facile
- parcimonieux
- plein soleil
- 5-25 °C

Ces petits cactus globuleux sont appréciés pour leur facilité de culture et leur aptitude à fleurir. Selon les espèces et hybrides, ils sont solitaires ou poussent en touffes de tiges globuleuses marquées de nombreux tubercules. C'est au sommet de ces derniers que sont portés les nombreux aiguillons et que se forment les fleurs printanières, blanches à jaunes, roses à rouges.

LE CONSEIL RUSTICA

Les mammillarias apprécient de passer l'été dehors en situation ensoleillée et abritée de la pluie.

Calathéa

Ces plantes natives d'Amérique du Sud se distinguent par leur feuillage très décoratif, en touffes de grandes feuilles ovales à elliptiques, marquées de stries, macules ou panachures variées. Selon les espèces, les calathéas atteignent 30 à 40 cm à près de 1 m de diamètre.

- **L'emplacement :** une situation assez chaude, une lumière tamisée et une humidité de l'air élevée conviennent bien au calathéa, qui se plaît, par exemple, dans une salle de bains ou dans une serre chauffée, mais à l'ombre d'autres grandes plantes.
- **La floraison :** assez rare dans la maison, elle peut cependant survenir au printemps sur les plantes bien développées, en épis bleu-violet à bractées jaunes ou orangées.
- **L'arrosage :** utilisez une eau douce à température ambiante pour éviter les chocs thermiques. Un arrosage hebdomadaire suffit généralement en hiver, mais en période estivale, il faut souvent arroser deux à trois fois par semaine, dès que le terreau sèche sur quelques centimètres.
- **Les apports d'engrais :** toutes les 2 ou 3 semaines d'avril à septembre, apportez un engrais liquide faiblement dosé.
- **Le rempotage :** intervenez tous les ans ou tous les 2 ans au printemps, en choisissant un pot large car l'enracinement est assez superficiel. Enrichissez un terreau ordinaire d'un tiers de terre de bruyère ou de terreau de feuilles.

LE CONSEIL RUSTICA

Délicats, les calathéas craignent les variations brutales de température, les pièces enfumées, l'air sec et l'eau calcaire. Il convient donc de leur éviter les courants d'air froids.

ATTENTION TOXIQUE

Les calathéas peuvent se révéler légèrement toxiques par ingestion.

Quelles espèces et variétés choisir ?

Il existe toute une palette d'espèces et variétés au feuillage diversement panaché, rayé ou maculé d'argent, vert clair, rouge... comme *Calathea zebrina*, aux larges rayures vert clair et vert sombre, *C. makoyana*, appelé aussi plante-paon, à macules vert sombre sur des rayures argentées et à revers pourpre, *C. picturata* 'Argentea', à limbe blanc argenté ourlé de vert soutenu.

- **La multiplication :** divisez les touffes rhizomateuses tous les 2 ou 3 ans au printemps. Sortez la plante de son pot et séparez la touffe en 2 ou 3 éclats. Supprimez les vieilles feuilles… Veillez à ce que chaque éclat comporte plusieurs racines et pousses.
- **Les petits soins :** pour augmenter l'humidité de l'air autour du feuillage, groupez d'autres plantes vertes autour du calathéa et posez au besoin les pots sur un lit de billes d'argile maintenues humides.

difficile

assez copieux

vive tamisée

15-22 °C

LES PROBLÈMES À SURVEILLER

Des feuilles qui brunissent peuvent être le signe soit d'une humidité de l'air insuffisante et, dans ce cas, les feuilles sèchent ensuite, soit d'arrosages excessifs et les feuilles s'affaissent alors.

Rempotage	Floraison
Janv.	Janv.
Fév.	Fév.
Mars	Mars
Avril (rempotage)	Avril (floraison)
Mai (rempotage)	Mai (floraison)
Juin	Juin (floraison)
Juil.	Juil.
Août	Août
Sept.	Sept.
Oct.	Oct.
Nov.	Nov.
Déc.	Déc.

Rempotage
Floraison

Les bonnes associations

Pensez aux marantas, plantes proches de la même famille, aux pépéromias, pour des effets colorés de feuillages panachés, mais aussi aux feuillages unis comme ceux des fougères, du fatshédéra ou du philodendron grimpant.

Calcéolaire

Si les espèces d'origine poussent dans les régions tempérées d'Amérique du Sud, les calcéolaires proposées en fleur du printemps à l'automne sont issues d'hybridations complexes, mais toutes cultivées comme des plantes éphémères, que l'on ne conserve pas après la floraison. Elles forment de petits sujets de 20 à 30 cm de diamètre, en rosette de feuilles lancéolées, légèrement gaufrées, vert vif, mettant bien en valeur les fleurs renflées, caractéristiques, évoquant un petit chausson.

LE CONSEIL RUSTICA

En conditions chaudes et sèches, posez le pot sur un lit de billes d'argile humides pour augmenter l'humidité de l'air, mais ne vaporisez jamais le feuillage, sensible à la pourriture.

- **L'emplacement :** pour une floraison durable, offrez à la calcéolaire beaucoup de lumière, mais pas de soleil direct (en été surtout), et une température si possible inférieure à 20 °C. Au printemps ou en automne, une température de 15 à 18 °C, par exemple dans une véranda, assure une longue floraison.
- **La floraison :** elle a le plus souvent lieu entre le printemps et l'automne, selon les dates de semis sous serre, et dure dans la maison entre 3 et 5 semaines, en fonction des conditions de culture. Les fleurs sont unies à tigrées, jaunes, orangées, rouges à rouge-brun.
- **L'arrosage :** arrosez très régulièrement, tous les 2 jours si nécessaire, dès que le terreau est sec en surface, mais en évitant toujours l'humidité stagnante.
- **Les apports d'engrais :** ils sont généralement inutiles le temps de la floraison. Mais si le mélange de culture vous semble pauvre et très tourbeux, apportez une fois par semaine un peu d'engrais liquide pour plantes fleuries, accompagné d'un arrosage.
- **Le rempotage :** il est inutile, car la calcéolaire est cultivée comme une annuelle que l'on élimine en fin de floraison.

Quelles variétés choisir ?

Faites votre choix parmi ces petites plantes fleuries, entre les coloris presque unis, jaunes, orangés à rouge brique, et les formes très mouchetées ou tigrées.

facile

copieux

vive sans
soleil direct

10-20 °C

Janv.	Janv.
Fév.	Fév.
Mars	Mars
Avril	Avril
Mai	Mai
Juin	Juin
Juil.	Juil.
Août	Août
Sept.	Sept.
Oct.	Oct.
Nov.	Nov.
Déc.	Déc.

Floraison

- **Les petits soins :** si vous installez la calcéolaire dans une pièce chaude, placez-la pour la nuit dans un endroit plus frais, sur un appui de fenêtre ou dans une entrée non chauffée.

LES PROBLÈMES À SURVEILLER

Évitez les excès d'arrosage, qui peuvent entraîner l'apparition de pourriture à la base des feuilles et abrègent la vie de cette petite plante.

Les bonnes associations

Associée à de petites plantes vertes comme le piléa, le pépéromia, les fougères ou le figuier rampant, la calcéolaire introduira une touche de couleur parmi les feuillages. Vous pouvez aussi grouper dans une petite jardinière trois sujets aux fleurs dans les mêmes tons mais avec des motifs différents, plus ou moins mouchetés, pour un effet fleuri très réussi.

Callisia, misère

Appelée misère comme les tradescantias, cette petite plante résiste en effet aux mauvaises conditions de culture, oubli d'arrosage ou coin sombre par exemple, mais c'est bien soignée qu'elle sera vraiment décorative, avec ses tiges retombantes aux petites feuilles charnues, vert vif et teintées de pourpre au revers, à admirer en transparence.

LE CONSEIL RUSTICA

Bouturez cette misère au printemps pour en habiller aussi vos jardinières estivales installées à mi-ombre, en compagnie de petites plantes fleuries telles que les fuchsias ou les impatiens.

- **L'emplacement :** accommodante, cette petite plante apprécie une lumière vive tamisée, mais supporte aussi la mi-ombre. Le soleil direct brûle les feuilles, tandis qu'un manque de lumière se traduit par des tiges étiolées et dégarnies. Côté température, elle est très adaptable aussi et trouve sa place un peu partout dans la maison.
- **La floraison :** des petites fleurs blanc-mauve insignifiantes s'épanouissent en été.
- **L'arrosage :** arrosez environ deux fois par semaine en période chaude estivale, une fois par semaine le reste de l'année, tous les 10 jours en ambiance fraîche durant l'hiver (12 à 15 °C). Si la misère supporte les oublis d'arrosage, même en été, cela peut faire sécher les feuilles inférieures des tiges.
- **Les apports d'engrais :** fertilisez tous les 15 jours de mars à septembre, avec un engrais liquide ordinaire pour plantes vertes.
- **Le rempotage :** intervenez tous les ans ou tous les 2 ans au printemps, selon la vigueur de la plante, en utilisant un terreau de rempotage ordinaire. Au bout de quelques années, il est préférable de renouveler toute la touffe par bouturage, pour obtenir un feuillage bien coloré et dense.

ATTENTION TOXIQUE

Cette misère pourrait être responsable de troubles digestifs légers en cas d'ingestion de feuilles en quantité importante.

Quelles espèces choisir ?

Outre *Callisia repens*, recherchez aussi *C. elegans*, aux feuilles plus grandes, ovales, vert rayé de blanc, qui sont teintées de rose pourpré au revers lorsque la luminosité est suffisante.

facile

modéré

vive tamisée

12-22 °C

- **La multiplication :** la plante se multiplie très facilement par bouturage d'extrémités de tiges, mises à raciner dans de l'eau après avoir été débarrassées de leurs feuilles inférieures. Lorsque les boutures ont formé des racines, rempotez-les par 3 à 5 dans un pot large rempli d'un terreau ordinaire pour obtenir rapidement une potée bien touffue.

- **Les petits soins :** pincez régulièrement les tiges pour les inciter à se ramifier et coupez à la base les tiges qui se dégarnissent avec le temps.

LES PROBLÈMES À SURVEILLER

Faites attention aux araignées rouges en atmosphère chaude et sèche : ces minuscules acariens pullulent rapidement sous les feuilles, tissant leurs fines toiles et finissant par entraîner le dessèchement du feuillage. À titre préventif, douchez régulièrement le revers des feuilles lorsqu'il fait chaud.

Janv.	Janv.
Fév.	Fév.
Mars	Mars
Avril	Avril
Mai	Mai
Juin	Juin
Juil.	Juil.
Août	Août
Sept.	Sept.
Oct.	Oct.
Nov.	Nov.
Déc.	Déc.

■ Rempotage

Les bonnes associations

Associez les misères à des petites plantes vertes et fleuries, pour des compositions faciles à entretenir, mais aussi aux grandes plantes d'intérieur telles que le grand ficus, le schefflèra ou le tilleul d'appartement, pour habiller la surface du terreau.

Campanule, étoile de Bethléem

LE CONSEIL RUSTICA

Si la température de la pièce dépasse 18 °C, posez le pot sur un lit de billes d'argile trempant dans un peu d'eau pour augmenter l'humidité de l'air et prolonger ainsi la floraison.

Petite espèce rampante poussant sur les côtes septentrionales de l'Italie, cette campanule fait une très jolie plante en pot, avec ses tiges étalées à retombantes, ses feuilles ovales, dentelées, vert bleuté, et ses fleurs étoilées, bleu-violet pâle, qui se renouvellent jusqu'en début d'automne s'il ne fait pas trop chaud dans la maison.

- **L'emplacement :** c'est en situation très lumineuse mais sans soleil direct, à température assez fraîche (15 à 18 °C de préférence), que cette campanule fleurira le plus longtemps. Pour la conserver plusieurs années, gardez-la en hiver dans une véranda peu chauffée (10 à 12 °C), car c'est la fraîcheur hivernale qui assure une floraison généreuse.
- **La floraison :** elle commence généralement en mai (plus tôt si les plantes ont été forcées sous serre) et peut se poursuivre jusqu'en septembre, en fleurs étoilées, étalées, de 2 à 3 cm de diamètre, groupées en bouquets lâches.
- **L'arrosage :** en période chaude durant la floraison, arrosez très régulièrement, dès que le terreau sèche en surface, tous les 2 jours si nécessaire, mais sans pour autant laisser le pot baigner dans l'eau, ce qui entraînerait la pourriture irrémédiable de la plante. Au printemps et en automne, arrosez environ deux fois par semaine, à peine une fois par semaine en hiver lorsque la température est basse (10 à 15 °C).

Quelles espèces choisir ?

Vous trouverez aussi proposée en fleur au printemps la petite campanule des Carpates, *Campanula carpatica*, une vivace rustique de nos jardins qui peut aussi être introduite comme plante éphémère dans la maison, appréciée pour ses innombrables fleurs d'un bleu-violet soutenu.

moyenne

assez copieux

vive sans soleil direct

10-20 °C

- **Les apports d'engrais :** apportez un engrais liquide pour plantes fleuries, tous les 15 jours d'avril à septembre.

- **Le rempotage :** il est nécessaire de l'effectuer tous les ans ou tous les 2 ans en fin d'hiver, dans un bon terreau de rempotage et un pot assez large.

- **Les petits soins :** en fin d'hiver, il est bon de rabattre toutes les tiges à mi-longueur pour stimuler une nouvelle croissance vigoureuse. Durant la floraison, supprimez régulièrement les fleurs fanées pour favoriser le renouvellement des boutons floraux.

À SAVOIR

Les tiges de cette petite campanule se cassent facilement, aussi manipulez-la le moins possible, surtout en période de floraison.

Les bonnes associations

Essayez la variété 'Alba', à fleurs blanches, pour composer un groupe de plusieurs campanules dans une coupe large, pour un décor de table par exemple.

Janv.	Janv.
Fév.	Fév.
Mars	Mars
Avril	Avril
Mai	Mai
Juin	Juin
Juil.	Juil.
Août	Août
Sept.	Sept.
Oct.	Oct.
Nov.	Nov.
Déc.	Déc.

Rempotage
Floraison
Repos

Chlorophytum, phalangère

Appelée aussi plante-araignée du fait des longs stolons crème arqués qu'elle forme, cette plante native d'Afrique du Sud se caractérise par ses racines charnues, ses longues feuilles rubanées, vertes chez l'espèce type, mais le plus souvent rayées de blanc ou de jaune-crème chez les variétés cultivées en intérieur. Les stolons portent de fines fleurs blanches discrètes et des plantules qu'il suffit de détacher pour multiplier cette plante prolifique.

- **L'emplacement :** facile et adaptable, la phalangère se plaît dans une pièce fraîche ou normalement chauffée, préfère une lumière vive (sans soleil direct qui brûle les feuilles), mais supporte aussi d'être un peu éloignée d'une fenêtre. Elle est superbe en suspension derrière une fenêtre exposée au nord.
- **La floraison :** de couleur blanche et assez insignifiante, elle peut se renouveler régulièrement toute l'année.
- **L'arrosage :** laissez toujours le mélange sécher sur quelques centimètres entre 2 apports d'eau. Arrosez environ deux fois par semaine en été, une fois à peine en hiver, selon la température.
- **Les apports d'engrais :** apportez un engrais liquide ordinaire tous les 15 jours d'avril à septembre.
- **Le rempotage :** sa fréquence varie de 1 à 3 ans, selon l'âge de la plante. Intervenez en début de printemps, quand les racines sont à l'étroit dans le pot, en choisissant un bon terreau de rempotage.

LE CONSEIL RUSTICA

Utilisez vos boutures de printemps pour étoffer vos jardinières sur un balcon un peu ombragé. Leur précieux feuillage décoratif tempérera les floraisons éclatantes.

ATTENTION TOXIQUE

L'ingestion de feuilles peut provoquer des troubles digestifs légers, surtout chez les chats.

- **La multiplication :** l'opération est très facile, grâce aux plantules qui se forment à l'extrémité des stolons. Placez celles-ci en surface d'un petit récipient rempli d'eau, jusqu'à ce que les racines se développent et atteignent 4 à 5 cm. Séparez alors la plantule de la plante mère et mettez-la en pot.
- **Les petits soins :** supprimez les feuilles parcheminées. Si c'est la pointe du limbe qui brunit, signe d'un air sec, recoupez-la en laissant un fin liseré sec, sans quoi le bord séchera à nouveau. Pensez à doucher le feuillage de temps à autre, à l'eau tiède, pour l'humidifier et le dépoussiérer.
- **Une plante dépolluante :** le chlorophytum est l'une des plantes les plus efficaces pour absorber le monoxyde de carbone, le benzène et le formaldéhyde. C'est un atout précieux pour les chambres à coucher, la salle de bains ou la cuisine.

LES PROBLÈMES À SURVEILLER

Si le feuillage d'une forme panachée pâlit et que les contrastes s'estompent, c'est généralement le signe que la plante manque de lumière. Rapprochez-la d'une ouverture. En atmosphère chaude et sèche, des feuilles ternes et grisâtres indiquent une attaque d'araignées rouges.

Les bonnes associations

Associez la phalangère à d'autres plantes vertes faciles, comme le philodendron grimpant, le piléa, le cissus, le lierre, ou à des plantes fleuries, par exemple des bulbes de printemps, pour une composition plus éphémère.

facile

modéré

vive sans soleil direct, ou vive tamisée

10-22 °C

Janv.	Janv.
Fév.	Fév.
Mars	Mars
Avril	Avril
Mai	Mai
Juin	Juin
Juil.	Juil.
Août	Août
Sept.	Sept.
Oct.	Oct.
Nov.	Nov.
Déc.	Déc.

■ Rempotage

Cissus, vigne d'appartement

Cette liane native des forêts tropicales d'Amérique centrale et du Sud constitue dans nos intérieurs une belle plante à laisser retomber d'une suspension ou à guider au contraire sur un treillage ou autre support. Robuste et adaptable, elle lance ses longues tiges fines (jusqu'à plusieurs mètres de longueur) aux feuilles vert foncé lustré, composées de 3 folioles qui sont irrégulièrement dentées.

- **L'emplacement :** la vigne d'appartement apprécie une lumière vive, mais évitez-lui le soleil direct qui brûle les feuilles. Elle supporte la mi-ombre aussi, même si elle y est moins vigoureuse. Côté température, elle s'accommode aussi bien d'une pièce fraîche que d'un environnement bien chauffé, si l'on veille à adapter le rythme d'arrosage et à augmenter l'humidité de l'air en situation chaude en posant le pot sur un lit de billes d'argile humides.

- **L'arrosage :** vous devrez arroser jusqu'à deux fois par semaine en période chaude estivale, environ une fois par semaine le reste de l'année dans une pièce chauffée, mais seulement tous les 10 jours environ si le cissus passe l'hiver au frais. Laissez toujours le terreau sécher sur quelques centimètres avant tout nouvel apport d'eau.

LE CONSEIL RUSTICA

Pincez les jeunes tiges pour les inciter à se ramifier, surtout pour une plante en suspension, afin d'obtenir une potée bien touffue.

ATTENTION TOXIQUE

La sève des cissus occasionne parfois des réactions cutanées, aussi préférez porter des gants pour tailler ou rempoter ces plantes.

Quelles espèces et variétés choisir ?

Cissus rhombifolia est l'espèce la plus cultivée en intérieur, grâce à sa variété 'Ellen Danica', au feuillage joliment découpé et d'une grande robustesse. Moins courante, *C. antarctica* se caractérise par de longues tiges munies de vrilles, de grandes feuilles ovales et dentées ; *C. discolor* est très décorative par ses feuilles panachées d'argent, pourprées au revers, portées par de fines tiges rouges grimpantes, mais elle est plus délicate, demandant chaleur et humidité.

- **Les apports d'engrais :** il est bon de fertiliser toutes les 2 ou 3 semaines d'avril à septembre, avec un engrais liquide ordinaire pour plantes vertes.
- **Le rempotage :** intervenez tous les 2 ans environ (chaque année pour les jeunes sujets), en début de printemps, en utilisant un bon terreau de rempotage, qui sera idéalement enrichi d'un quart de compost de jardin et d'un quart de sable grossier.

- **La multiplication :** vous pouvez essayer le bouturage de jeunes pousses dans l'eau au printemps.
- **Les petits soins :** douchez le feuillage de temps à autre, surtout en atmosphère chaude et sèche, pour le dépoussiérer et éviter les attaques d'araignées rouges.
- **Une plante dépolluante :** le cissus présente une certaine capacité à absorber le formaldéhyde. Il est assez intéressant, dans les chambres en particulier.

LES PROBLÈMES À SURVEILLER

Les cissus sont sensibles à l'oïdium, reconnaissable à l'enduit poudreux blanchâtre qu'il forme sur les feuilles et jeunes pousses, lesquelles finissent par sécher. Il est bon de tailler sans attendre les parties malades, veillez à titre préventif à une bonne circulation d'air autour du feuillage et évitez les arrosages irréguliers.

facile

modéré

vive tamisée

10-22 °C

Janv.	Janv.
Fév.	Fév.
Mars	Mars
Avril	Avril
Mai	Mai
Juin	Juin
Juil.	Juil.
Août	Août
Sept.	Sept.
Oct.	Oct.
Nov.	Nov.
Déc.	Déc.

Rempotage

Les bonnes associations

Nombre de plantes à feuillage décoratif peuvent être associées à la vigne d'appartement, par exemple dans un grand bac pour composer une véritable jardinière d'intérieur.

Clivia

Cette plante à souche bulbeuse et racines charnues, originaire d'Afrique du Sud, est facile à faire refleurir dans la maison si vous pouvez l'installer en hiver dans une pièce lumineuse et peu chauffée, ce qui initie la floraison. Elle développe des feuilles rubanées, coriaces, vert brillant, disposées en éventail, et émet en fin d'hiver une ou plusieurs hampes raides et charnues couronnées d'une ombelle de 10 à 20 fleurs en trompette orangées.

LE CONSEIL RUSTICA

Le secret de la longévité du clivia et de sa floraison généreuse réside dans des arrosages modérés et un hivernage dans une pièce fraîche. En été, vous pouvez sortir le pot dans le jardin ou sur le balcon, en lui assurant un peu d'ombre.

- **L'emplacement :** c'est dans une pièce claire et peu chauffée en hiver, par exemple une véranda, un palier ou une entrée lumineuse, que le clivia se plaît le plus, même si vous pouvez aussi l'installer dans une pièce plus chaude une fois qu'apparaissent les hampes florales.
- **La floraison :** elle peut durer plusieurs semaines, même si vous ramenez le clivia dans une pièce normalement chauffée pour la floraison.
- **L'arrosage :** arrosez environ une fois par semaine du printemps à l'automne, tous les 10 à 15 jours en hiver en ambiance fraîche, sans jamais laisser d'eau stagner dans la soucoupe. Tout excès d'arrosage se traduit par la pourriture de la souche bulbeuse.
- **Les apports d'engrais :** apportez un engrais liquide pour plantes fleuries, toutes les 2 semaines d'avril à septembre.
- **Le rempotage :** il ne s'impose que tous les 2 ou 3 ans en fin d'été, et seulement si les racines commencent à déborder du pot, car cette plante est plus florifère lorsqu'elle se trouve un peu à l'étroit. Utilisez un terreau léger et bien drainé, au besoin enrichi en sable grossier.

ATTENTION TOXIQUE

Cette plante est faiblement toxique, en particulier le bulbe et les tiges florales.

Quelles espèces et variétés choisir ?

Il existe 4 espèces botaniques de clivia, mais vous trouverez le plus souvent des hybrides de *Clivia miniata*, avec des nuances dans le coloris des fleurs, qui sont jaune pâle, jaune citron ou orangé à rouge orangé, ainsi qu'une forme à feuillage panaché, rayé de crème.

- **La multiplication :** si votre clivia forme des rejets autour de la base de la touffe de feuilles, vous pouvez les rempoter séparément lorsqu'ils sont assez développés, en veillant à ne pas casser les racines charnues, fragiles.
- **Les petits soins :** coupez les hampes défleuries à la base avant que ne se forment les graines. Dépoussiérez les feuilles de temps à autre avec un chiffon humide.

LES PROBLÈMES À SURVEILLER

Faites attention aux cochenilles farineuses, petits amas cotonneux qui passent souvent inaperçus entre les feuilles mais affaiblissent la plante.

Les bonnes associations
De belles plantes vertes mettront la floraison de votre clivia en valeur, mais ne l'installez pas dans le même pot, car il préfère faire bande à part.

facile

modéré

vive sans soleil direct, ou tamisée

10-25 °C

Janv.	Janv.
Fév.	Fév.
Mars	Mars
Avril	Avril
Mai	Mai
Juin	Juin
Juil.	Juil.
Août	Août
Sept.	Sept.
Oct.	Oct.
Nov.	Nov.
Déc.	Déc.

- Rempotage
- Floraison
- Repos

Cordyline

Originaires des régions tropicales d'Asie du Sud-Est et d'Australie, les cordylines sont de grands arbustes ressemblant à des palmiers, avec une tige ligneuse couronnée de feuilles persistantes coriaces et rubanées. Les formes cultivées en intérieur ne dépassent guère 1 m à 1,50 m de hauteur, avec des feuillages généralement très décoratifs et colorés, panachés selon les espèces et variétés de rose à rouge, crème à jaune, pourpre. Ce sont des plantes très robustes, mais qui gagnent à être bien soignées pour donner le meilleur d'elles-mêmes.

LE CONSEIL RUSTICA

Lorsque la température dépasse 20 °C, vaporisez quotidiennement le feuillage.

- **L'emplacement :** il doit offrir beaucoup de lumière vive toute l'année, mais pas de soleil direct entre mai et septembre, pour les cordylines qui ont un feuillage panaché. Les formes vertes supportent un peu d'ombre. Toutes apprécient une température moyenne, de 18 à 20 °C environ, assez constante. Les chocs thermiques peuvent provoquer la chute des feuilles.
- **L'arrosage :** arrosez deux fois par semaine en été, une fois par semaine en hiver, de préférence avec une eau douce, à température ambiante. Attendez que le terreau sèche sur quelques centimètres avant d'arroser à nouveau.
- **Les apports d'engrais :** fertilisez tous les 15 jours d'avril à septembre, avec un engrais liquide pour plantes vertes.
- **Le rempotage :** il doit avoir lieu tous les 2 ou 3 ans au printemps, dans un bon terreau de rempotage ou, mieux, dans un mélange composé d'une moitié de terreau, d'un quart de terreau de feuilles et d'un quart de sable grossier.

ATTENTION TOXIQUE

La sève provoque des troubles digestifs en cas d'ingestion. Attention aux enfants et aux animaux domestiques !

Quelles espèces et variétés choisir ?

Les variétés de *Cordyline fruticosa* offrent des colorations remarquables, comme 'Tricolor', à feuilles rayées de rose, rouge et crème, 'Kiwi', panachée de jaune-crème avec un liseré rose vif, ou 'Red Edge', à feuilles vertes largement panachées et marginées de rouge rosé.

- **Les petits soins :** douchez le feuillage de temps à autre pour le dépoussiérer et pensez à sortir la cordyline en été pour lui faire profiter d'une pluie fine. Si la pointe des feuilles sèche, recoupez-la.
- **Opération sauvetage :** si la tige est très dégarnie, ayant par exemple manqué de lumière, tentez de la couper à 30-40 cm de la base. Arrosez régulièrement mais sans excès, et offrez à la plante plus de lumière : elle formera de nouvelles feuilles.

LES PROBLÈMES À SURVEILLER

Surveillez régulièrement le feuillage, qui peut être envahi en fin d'hiver par des cochenilles et, en atmosphère sèche, par des araignées rouges qui le font jaunir.

Les bonnes associations

Pensez aux petites plantes vertes à feuillage bas ou retombant dans une composition. Dans un grand bac, associez une grande cordyline avec des sujets plus touffus et buissonnants, tels que le dizygothéca, le fittonia ou le maranta.

facile

modéré

vive sans soleil direct

15-22 °C

Janv.	Janv.
Fév.	Fév.
Mars	Mars
Avril	Avril
Mai	Mai
Juin	Juin
Juil.	Juil.
Août	Août
Sept.	Sept.
Oct.	Oct.
Nov.	Nov.
Déc.	Déc.

■ Rempotage (Mars, Avril)

Croton

Arbuste buissonnant à feuillage persistant, originaire de Malaisie, Australie et Polynésie, le croton constitue une belle plante ramifiée dans la maison, pouvant atteindre 1,50 m de hauteur, presque autant en largeur, dans de bonnes conditions de culture. Il demande de la lumière, une température constante et une humidité de l'air assez élevée pour vivre longtemps, et se plaît donc tout particulièrement dans une serre ou une véranda.

- **L'emplacement :** offrez à votre croton beaucoup de lumière vive, mais pas de soleil direct en été, une température assez élevée et constante, une bonne hygrométrie, que vous obtiendrez en posant le pot sur un lit de billes d'argile humides et en vaporisant souvent le feuillage en ambiance chaude.
- **L'arrosage :** arrosez régulièrement en période de croissance, si nécessaire tous les 2 jours en été, de façon à maintenir le terreau légèrement humide en permanence, mais sans laisser l'eau stagner dans la soucoupe. En hiver, surtout dans un environnement frais, laissez le terreau sécher un peu entre les arrosages. Utilisez toujours une eau non calcaire, à température de la pièce.
- **Les apports d'engrais :** d'avril à septembre, apportez un engrais pour plantes vertes tous les 15 jours.
- **Le rempotage :** intervenez tous les ans au printemps pour les jeunes sujets à croissance vigoureuse, puis seulement lorsque les racines débordent du pot. Choisissez un contenant assez profond et utilisez un bon terreau de rempotage ou un mélange composé d'un tiers de terreau de rempotage, un tiers de terreau de feuilles ou compost et un tiers de sable grossier.

LE CONSEIL RUSTICA

Évitez les courants d'air et les variations brutales de température ou d'humidité, qui peuvent provoquer la chute des feuilles.

ATTENTION TOXIQUE

La sève du croton est très toxique en cas d'ingestion, pouvant provoquer vomissements, tachycardie et brûlures des muqueuses.

Quels hybrides choisir ?

Faites votre choix sur le lieu de vente parmi les hybrides très colorés de *Codiaeum variegatum* var. *pictum*, aux feuilles rubanées, lancéolées ou lobées.

- **Les petits soins :** pincez les jeunes tiges pour stimuler leur ramification, surtout chez les jeunes sujets. Dépoussiérez le feuillage de temps à autre en le douchant ou en sortant le pot sous une pluie fine et tempérée en été.
- **Une plante dépolluante :** le croton a la capacité d'absorber le formaldéhyde, présent dans certains meubles, les colles, les résines et les peintures.

LES PROBLÈMES À SURVEILLER

Les cochenilles peuvent envahir le revers des feuilles, surtout en hiver quand les plantes sont affaiblies par le manque de lumière. Surveillez aussi les attaques d'araignées rouges, fréquentes en atmosphère chaude et sèche, et qui rendent le feuillage terne.

Les bonnes associations

Des feuillages verts amples et luxuriants mettront bien en valeur les couleurs extraordinaires du croton tout en augmentant l'humidité de l'air autour du pot ; par exemple un philodendron, un néphrolépis, un monstéra, un asparagus...

moyenne

assez copieux

vive sans soleil direct

15-25 °C

Janv.	Janv.
Fév.	Fév.
Mars (Rempotage)	Mars
Avril (Rempotage)	Avril
Mai	Mai
Juin	Juin
Juil.	Juil.
Août	Août
Sept.	Sept.
Oct.	Oct.
Nov.	Nov.
Déc.	Déc.

■ Rempotage

Curcuma

Appelée curcuma rose, parfois tulipe thaïlandaise, cette espèce rhizomateuse a fait son apparition depuis quelques années dans nos intérieurs, où on l'apprécie pour sa longue floraison très décorative, mais attention, elle est assez délicate en culture. La plante développe une touffe de grandes feuilles oblongues vert foncé et, à partir de mai, des tiges florales épaisses, terminées en long épi de bractées d'abord vertes puis rose vif, très durables.

LE CONSEIL RUSTICA

Si vous partez en vacances, sortez le curcuma à mi-ombre sur le balcon, à l'abri du vent, à condition qu'un voisin veille à des arrosages réguliers.

- **L'emplacement :** une situation lumineuse, mais sans soleil direct qui brûle les feuilles et fait pâlir les bractées, une température chaude assez constante, sans courants d'air, une humidité de l'air élevée, voici les conditions idéales pour le curcuma, qui se plaît tout particulièrement sous serre. Vous pouvez l'installer pour la floraison dans le salon, mais veillez à assurer une bonne hygrométrie par des vaporisations quotidiennes du feuillage et posez le pot sur un lit de billes d'argile humides.
- **La floraison :** elle commence en mai-juin et peut se prolonger jusqu'en fin d'été si les conditions de culture sont favorables.
- **L'arrosage :** arrosez deux ou trois fois par semaine en période de floraison estivale, une à deux fois par semaine au printemps et en début d'automne, puis durant le repos hivernal, n'intervenez qu'occasionnellement, pour empêcher le terreau de sécher en profondeur.
- **Les apports d'engrais :** fertilisez tous les 8 à 10 jours entre avril et septembre, avec un engrais liquide pour plantes fleuries (ou un engrais pour géraniums).
- **Le rempotage :** il doit avoir lieu chaque année en mars, pour stimuler la reprise de la croissance. Choisissez un pot assez large pour permettre le développement du rhizome et utilisez un mélange composé à parts égales de terreau de rempotage ordinaire et de terre de bruyère ou terreau de feuilles.
- **La multiplication :** divisez les rhizomes en début de printemps, lorsque la touffe est bien développée.

moyenne

assez copieux

vive tamisée

15-25 °C

■ **Les petits soins :** réduisez les arrosages en fin de floraison, puis lorsque le feuillage jaunit en octobre-novembre, rabattez toutes les tiges à la base et gardez le pot en situation assez fraîche (15 à 16 °C) pour l'hiver.
Limitez les arrosages à une simple humidification du terreau s'il se rétracte beaucoup, donc pas plus d'une fois toutes les 3 à 4 semaines. Vous reprendrez des apports d'eau réguliers après le rempotage en début de printemps.

À SAVOIR

Le curcuma utilisé en cuisine, aussi nommé safran des Indes, est une espèce proche de celle-ci, *Curcuma longa*, à floraison blanche, dont le rhizome, utilisé comme épice et colorant alimentaire, est arraché en période de repos végétatif de la plante.

Janv.	Janv.
Fév.	Fév.
Mars	Mars
Avril	Avril
Mai	Mai
Juin	Juin
Juil.	Juil.
Août	Août
Sept.	Sept.
Oct.	Oct.
Nov.	Nov.
Déc.	Déc.

Rempotage
Floraison
Repos

Les bonnes associations

Entourez le pot du curcuma rose de plantes vertes basses, qui mettront sa floraison en valeur et contribueront à créer un microclimat humide, par exemple un maranta, un néphrolépis, un *Ficus pumila*...

Cyclamen des fleuristes

Inutile de présenter le gracieux cyclamen, qui fleurit généreusement de l'automne au printemps dans la maison. Si vous ne pouvez le garder en situation assez fraîche, après la floraison surtout, considérez-le comme une plante saisonnière. Vous pourrez faire refleurir le tubercule si vous disposez d'une véranda ou d'une pièce peu chauffée.

- **L'emplacement :** l'idéal pour une floraison durable est une pièce fraîche (où la température soit de l'ordre de 15 °C), lumineuse, par exemple un appui de fenêtre dans une entrée peu chauffée, une serre ou une véranda bien sûr. Le cyclamen, et en particulier les nouvelles obtentions plus tolérantes à la chaleur, supporte aussi les températures plus élevées, n'excédant pas 20 °C, mais dans ce cas, installez-le plus au frais pour la nuit.
- **La floraison :** elle commence généralement en automne (mais vous pouvez acheter des cyclamens fleuris jusqu'au printemps) et peut durer plusieurs mois si la plante bénéficie d'un environnement frais. Il existe de très nombreuses variétés à fleurs blanches, roses à rouges ou pourpres, parfois bicolores.
- **L'arrosage :** veillez à des arrosages réguliers, mais évitez toute humidité stagnante qui entraînerait la pourriture du tubercule. Il est bon d'arroser dès que le mélange est sec en surface, une à trois fois par semaine selon la température. Réduisez les apports d'eau en fin de floraison pour les stopper complètement quand le feuillage sèche.

Quelles variétés choisir ?

Faites votre choix chez les fleuristes ou dans les jardineries, parmi les innombrables variétés actuelles, minicyclamens robustes aux teintes acidulées, formes à fleurs frangées ou bicolores, variétés parfumées… l'éventail est vaste !

LE CONSEIL RUSTICA

Pour conserver le tubercule, cessez les arrosages dès que le feuillage jaunit et gardez le pot au sec. Rempotez en automne dans du terreau frais et reprenez progressivement les arrosages.

ATTENTION TOXIQUE

La plante entière, et le bulbe en particulier, est toxique en cas d'ingestion.

- **Les apports d'engrais :** fertilisez tous les 15 jours d'octobre à mai. Utilisez un engrais liquide pour plantes fleuries.
- **Le rempotage :** il a lieu en début d'automne, après le repos végétatif estival. Choisissez un pot à peine plus grand et un mélange composé à parts égales de terreau de rempotage et de terre de bruyère. N'enterrez pas le tubercule, mais laissez-le dépasser d'un quart à un tiers de sa hauteur hors du substrat.
- **Les petits soins :** coupez sans attendre les fleurs fanées et les feuilles sèches, pour éviter tout risque de pourriture.
- **Une plante dépolluante :** apte à absorber formaldéhyde et xylène, présents dans certains solvants, cette petite plante fleurie est bénéfique pour notre atmosphère intérieure.

moyenne

modéré

vive sans soleil direct

5-20 °C

LES PROBLÈMES À SURVEILLER

Les cyclamens sont sensibles à la pourriture grise (feutrage gris sur les feuilles et tiges) en cas d'humidité excessive. Évitez de mouiller les feuilles comme le tubercule lors de l'arrosage et veillez à une circulation d'air suffisante autour de la plante.

Janv.	Janv.
Fév.	Fév.
Mars	Mars
Avril	Avril
Mai	Mai
Juin	Juin
Juil.	Juil.
Août	Août
Sept.	Sept.
Oct.	Oct.
Nov.	Nov.
Déc.	Déc.

Rempotage
Floraison
Repos

Les bonnes associations

Associez plusieurs variétés de cyclamens pour une composition colorée, ou faites voisiner ces bulbeuses avec de petits lierres panachés dans une jardinière, car ces plantes supportent également des températures fraîches.

Cypérus, papyrus

Par sa silhouette graphique et originale, le papyrus ou cypérus fait bel effet dans les intérieurs contemporains tout en se révélant facile à vivre. C'est une plante semi-aquatique originaire de Madagascar, qui pousse en touffe vigoureuse (jusqu'à 50-60 cm de large, près de 1 m de haut) de tiges fines couronnées de verticilles de fines bractées foliacées vert vif.

LE CONSEIL RUSTICA

Sortez votre papyrus l'été, les pieds dans l'eau, en bordure d'un bassin ou dans un grand bac. Protégez-le du vent.

- **L'emplacement :** le papyrus se plaît dans toute pièce bien éclairée, mais tout particulièrement dans une salle de bains lumineuse où il appréciera l'ambiance humide, et bien sûr dans une serre ou une véranda, associé à d'autres plantes. Dans un bureau, glissé dans un grand vase en verre transparent, le pot masqué par de jolis galets, le papyrus crée un décor sobre très reposant.
- **La floraison :** en été et début d'automne, de fins épillets jaune-vert s'épanouissent en ombelle rayonnante au sommet des tiges.
- **L'arrosage :** voici une plante qui ne craint pas les excès et qui aime avoir en permanence les pieds dans l'eau. Choisissez un cache-pot large et laissez 2 à 5 cm d'eau au fond. Pensez aussi à arroser fréquemment par temps chaud en été. En hiver, si vous gardez le papyrus au frais (12 à 15 °C), ne laissez pas l'eau stagner dans la soucoupe, mais maintenez le terreau bien humide.
- **Les apports d'engrais :** apportez un engrais liquide ordinaire pour plantes vertes tous les 15 jours d'avril à septembre.
- **Le rempotage :** sa fréquence varie de 1 à 3 ans. Intervenez quand la plante est à l'étroit dans son pot, en choisissant un contenant assez profond, en plastique pour une meilleure rétention d'eau. Si possible, enrichissez le terreau de rempotage d'un tiers à la moitié de bonne terre de jardin.

Quelles espèces choisir ?

Cyperus papyrus est le papyrus du Nil, utilisé pour les parchemins. Il offre une silhouette très graphique, avec ses bractées très fines et nombreuses, mais est plus délicat à acclimater dans la maison, car il demande une hygrométrie élevée.

- **La multiplication :** c'est un vrai jeu d'enfants ! Il suffit de prélever une ou plusieurs ombelles, en les coupant 3 à 4 cm sous les bractées, puis de recouper ces dernières à mi-longueur et de retourner le tout en surface d'un verre d'eau. Des petites racines apparaissent rapidement, puis des plantules poussent à la base de la tige coupée.

- **Les petits soins :** il est nécessaire de supprimer les pousses jaunies ou sèches et celles qui cassent, car les tiges sont assez fragiles. Un papyrus qui a « mauvaise mine » en fin d'hiver peut être rabattu à la base. Bien arrosé et exposé à une lumière vive, il reprendra vite une croissance vigoureuse.

- **Une plante dépolluante :** le papyrus ne présente qu'une faible efficacité pour absorber le formaldéhyde. En revanche, il est très bénéfique pour l'atmosphère intérieure par l'humidité qu'il dégage : c'est un bon humidificateur naturel.

À SAVOIR

Les chats utilisent souvent le feuillage du papyrus comme purgatif.

Les bonnes associations

Associez cypérus, acores et scirpes dans une coupe large ou un aquarium pour composer un minijardin de marécage.

facile

copieux

vive tamisée

10-22 °C

Janv.	Janv.
Fév.	Fév.
Mars	Mars
Avril	Avril
Mai	Mai
Juin	Juin
Juil.	Juil.
Août	Août
Sept.	Sept.
Oct.	Oct.
Nov.	Nov.
Déc.	Déc.

Rempotage
Floraison

Dieffenbachia

Originaire d'Amérique tropicale, le dieffenbachia offre en intérieur un feuillage remarquablement décoratif, porté par des tiges épaisses. Les grandes feuilles ovales à oblongues, de 30 à 50 cm de long, sont panachées de vert, jaune-crème ou blanc. Les grands sujets dépassent 1 m de hauteur et font beaucoup d'effet dans un séjour moderne.

- **L'emplacement :** beaucoup de lumière pour une bonne coloration du feuillage, et ce d'autant plus que ce dernier est panaché, une température constante de l'ordre de 20 °C, telles sont les exigences du dieffenbachia.
- **La floraison :** le dieffenbachia peut former une inflorescence verte ressemblant à celle de l'arum, mais la floraison est rare en intérieur.
- **L'arrosage :** arrosez une à deux fois par semaine du printemps au début de l'automne, de façon à maintenir le terreau légèrement humide en permanence. Espacez les apports d'eau en hiver, surtout en ambiance fraîche, et laissez le mélange sécher sur quelques centimètres entre les arrosages. Utilisez de préférence une eau non calcaire, à température de la pièce.
- **Les apports d'engrais :** fertilisez tous les 15 jours d'avril à fin septembre, avec un engrais liquide ordinaire pour plantes vertes.
- **Le rempotage :** intervenez tous les ans ou tous les 2 ans en début de printemps, selon la vigueur de la croissance, en utilisant un terreau léger et riche, si possible additionné de terreau de feuilles. Portez des gants pour cette opération, en raison de la forte toxicité de la plante.

LE CONSEIL RUSTICA

Les variations brutales de température et les courants d'air froids entraînent un affaissement du feuillage. Des feuilles enroulées ou brunes indiquent un air trop sec.

ATTENTION TOXIQUE

L'ingestion provoque des œdèmes sévères, et la sève irrite la peau, les muqueuses et les yeux. Portez des gants.

Quelles variétés choisir ?

Faites votre choix parmi les nombreuses variétés proposées dans le commerce, rarement identifiées, plus ou moins éclaboussées de blanc ou de crème, à limbe parfois presque entièrement blanc avec un fin liseré vert.

moyenne

assez copieux

vive tamisée

15-25 °C

Janv.	Janv.
Fév.	Fév.
Mars	Mars
Avril	Avril
Mai	Mai
Juin	Juin
Juil.	Juil.
Août	Août
Sept.	Sept.
Oct.	Oct.
Nov.	Nov.
Déc.	Déc.

Rempotage

- **Les petits soins :** au-dessus de 20 °C, posez le pot sur un lit de billes d'argile humides pour augmenter l'humidité de l'air. Dépoussiérez le feuillage de temps à autre en le passant sous une douche fine et tiède.

LES PROBLÈMES À SURVEILLER

Une attaque d'araignées rouges, tissant de fines toiles au revers des feuilles, peut faire jaunir le feuillage. À titre préventif, entretenez une bonne hygrométrie et bassinez le revers des feuilles avec une eau douce et tiède.

Les bonnes associations

Des feuillages verts et amples mettront bien en valeur les panachures du dieffenbachia, comme ceux des monstéras, des néphrolépis, des spathiphyllums...

Dipladénia

Originaire d'Amérique tropicale, le dipladénia est une plante grimpante volubile qui allie un beau feuillage vernissé et une floraison estivale en grandes trompettes évasées, blanches, roses à rouges, souvent à gorge jaune. Il est malheureusement délicat à conserver plus d'une saison dans une pièce de la maison, demandant l'ambiance humide et la luminosité d'une serre ou d'une véranda pour refleurir.

- **L'emplacement :** le plus possible de lumière en toute saison, en ne tamisant le plein soleil qu'en milieu de journée en été (si la plante se trouve derrière une vitre), une ambiance chaude et humide en été, un peu de fraîcheur (14 à 16 °C) en hiver, voilà ce que demande le dipladénia pour vivre plusieurs années en intérieur. Au-delà de 18 °C, posez le pot sur un lit de billes d'argile humides et vaporisez quotidiennement le feuillage, en insistant sur le revers des feuilles pour déloger les araignées rouges.
- **La floraison :** elle commence en mai ou juin et peut se renouveler jusqu'en octobre, ou même novembre si cette plante reçoit suffisamment de lumière. Les fleurs sont groupées en bouquets à l'extrémité des tiges.
- **L'arrosage :** il doit être généreux en été (deux à trois fois par semaine), de façon à garder le terreau légèrement humide en permanence. En hiver à température plus fraîche, laissez le terreau sécher sur 2 à 3 cm avant d'arroser. Utilisez une eau non calcaire.
- **Les apports d'engrais :** apportez un engrais liquide pour plantes fleuries, toutes les 2 semaines d'avril à septembre.

LE CONSEIL RUSTICA

N'hésitez pas à sortir cette belle grimpante sur le balcon ou la terrasse pour l'été, en situation ensoleillée mais abritée du vent, c'est la meilleure façon d'assurer vigueur et floraison en intérieur.

ATTENTION TOXIQUE

Le latex blanc du dipladénia peut s'avérer toxique par ingestion et provoquer des réactions cutanées par contact. Tenez à distance les jeunes enfants et les animaux domestiques.

Quelles espèces et variétés choisir ?

L'espèce la plus courante est *Dipladenia sanderi*, à feuilles oblongues coriaces et fleurs roses. Recherchez aussi sa variété 'Rosea' à floraison rose saumoné, et l'espèce *D. boliviensis*, qui est plus rare, à fleurs blanches plus petites mais légèrement odorantes.

difficile

assez copieux

vive sans soleil direct

8-22 °C

- **Le rempotage :** il est souvent nécessaire chaque printemps pour suivre la croissance vigoureuse de la plante, dans un pot large et profond rempli d'un mélange composé à parts égales de terreau de rempotage et de terre de bruyère.
- **Les petits soins :** en fin de floraison, rabattez les tiges d'au moins la moitié de leur longueur pour conserver à votre dipladénia un port assez compact et florifère, sauf si vous souhaitez palisser les tiges sous serre.

LES PROBLÈMES À SURVEILLER

Il faut faire attention aux araignées rouges, fréquentes en atmosphère sèche, tout comme aux cochenilles en fin d'hiver, qui s'attaquent souvent aux plantes affaiblies.

Janv.	Janv.
Fév.	Fév.
Mars	Mars
Avril	Avril
Mai	Mai
Juin	Juin
Juil.	Juil.
Août	Août
Sept.	Sept.
Oct.	Oct.
Nov.	Nov.
Déc.	Déc.

Rempotage
Floraison
Repos

Les bonnes associations
Pensez aux feuillages luxuriants pour évoquer la jungle tropicale, par exemple ceux des palmiers, des marantas, des crotons, des philodendrons...

Dizygothéca, faux aralia

Originaire de Nouvelle-Calédonie, cette plan est un arbre qui peut dépasser 10 m de hauteur ! En pot, elle est buissonnante et assez compacte, de croissance lente, et dépasse rarement 1 m de hauteur. Elle se distingue par des feuilles coriaces, palmées, divisées en fines folioles dentées, vert rougeâtre à l'état jeune, puis d'un vert bronze très sombre.

LE CONSEIL RUSTICA

Un peu délicat, le dizygothéca craint l'air sec, les brusques chutes de température comme les courants d'air froids. Un excès d'arrosage provoque l'affaissement du feuillage.

- **L'emplacement :** beaucoup de lumière mais jamais de soleil direct du printemps au début de l'automne, une température douce et constante et une humidité de l'air élevée plaisent à cette plante qui trouve donc bien sa place dans une salle de bains ou une véranda. Dans le salon, augmentez l'humidité de l'air en posant le pot sur un lit de gravillons humides et en vaporisant régulièrement le feuillage.
- **L'arrosage :** il doit être assez copieux en été (deux fois par semaine par temps chaud), mais toujours en laissant le terreau sécher sur quelques centimètres entre deux apports d'eau. Arrosez environ une fois par semaine en hiver si la température n'excède pas 20 °C, en laissant un peu plus sécher le mélange. Il est nécessaire d'utiliser une eau douce et à température ambiante pour éviter les chocs thermiques.
- **Les apports d'engrais :** fertilisez tous les 15 jours d'avril à septembre, avec un engrais liquide pour plantes vertes.

Quelles variétés choisir ?

'Castor' est une variété couramment proposée, qui se distingue de l'espèce type par un port plus compact mais des feuilles un peu plus larges, presque noires tant elles sont foncées.

moyenne

assez copieux

vive tamisée

12-22 °C

- **Le rempotage :** il doit avoir lieu tous les ans ou tous les 2 ans au printemps, selon l'âge de la plante et sa vigueur, dans un pot assez large et un bon terreau de rempotage.
- **Les petits soins :** taillez légèrement les tiges en fin d'hiver pour stimuler une croissance ramifiée et compacte.

LES PROBLÈMES À SURVEILLER

Les cochenilles à bouclier (carapaces) ou farineuses (amas cotonneux) peuvent envahir le feuillage et ne sont souvent repérées que tardivement, quand le feuillage est collant et affaibli. Essayez dans ce cas un traitement avec une huile minérale.

Janv.	Janv.
Fév.	Fév.
Mars	Mars
Avril	Avril
Mai	Mai
Juin	Juin
Juil.	Juil.
Août	Août
Sept.	Sept.
Oct.	Oct.
Nov.	Nov.
Déc.	Déc.

■ Rempotage

Les bonnes associations

Créez un bel ensemble avec des feuillages verts plus clairs, dans une grande jardinière ou en pots groupés. Le dizygothéca met bien en valeur aussi les petites plantes fleuries telles que le kalanchoé ou les bégonias à fleurs.

Dracéna, dragonnier

Grands arbustes d'Afrique tropicale, à port dressé, peu ramifié, les dracénas sont appréciés dans la maison pour leur robustesse, leurs « troncs » fins ou épais, leur feuillage généralement rayé de divers tons de vert, jaune, blanc ou rouge. Leur silhouette architecturale et leur allure exotique en font de beaux sujets pour les intérieurs contemporains.

LE CONSEIL RUSTICA

Ne rempotez plus les grands sujets mais, chaque printemps, renouvelez le terreau sur 4-5 cm en surface du pot.

- **L'emplacement :** ces petits arbres d'intérieur, qui atteignent 1 à 2 m de haut, apprécient une lumière vive, mais redoutent le soleil direct en plein été. *Dracaena marginata* supporte une luminosité moyenne ; il y sera toutefois moins vigoureux. Aimant les pièces assez chaudes, ces plantes sont tout indiquées, du fait de leurs propriétés dépolluantes, dans le salon, le bureau ou les chambres bien chauffées.
- **La floraison :** elle survient très rarement en intérieur, elle prend la forme de panicules de fleurs odorantes.
- **L'arrosage :** il doit être modéré – une à deux fois par semaine en été, tous les 8 à 10 jours en hiver. Laissez bien sécher le terreau entre les arrosages.
- **Les apports d'engrais :** fertilisez tous les 15 jours d'avril à fin septembre, avec un engrais liquide pour plantes vertes.

ATTENTION TOXIQUE

Les dracénas sont assez toxiques en cas d'ingestion.

Quelles espèces et variétés choisir ?

Le dracéna le plus robuste est *Dracaena marginata*, aux fines feuilles soulignées de rouge, ainsi que ses variétés, comme 'Tricolor', alliant vert, crème et rouge. *D. deremensis* et ses hybrides présentent des feuilles plus larges, rayées de jaune-crème ou de blanc, tandis que *D. fragrans* développe des cannes épaisses, portant des feuilles larges et rayées.

- **Le rempotage :** il ne s'impose que tous les 2 ou 3 ans en fin d'hiver, quand les racines débordent du pot. Employez un terreau léger, par exemple un terreau de rempotage ordinaire allégé par un quart de perlite ou de sable grossier.
- **Les petits soins :** vous pouvez dépoussiérer le feuillage en sortant le dracéna en été sous une pluie fine, ou bien essuyez les feuilles avec un chiffon humide.
- **Une plante dépolluante :** les dracénas sont de bonnes plantes dépolluantes, dont l'efficacité (pour les bureaux et les pièces enfumées) et les substances absorbées (formaldéhyde, trichloréthylène, benzène, xylène) varient selon les espèces et hybrides.

facile

modéré

vive sans soleil direct

15-25 °C

Janv.	Janv.
Fév.	Fév.
Mars	Mars
Avril	Avril
Mai	Mai
Juin	Juin
Juil.	Juil.
Août	Août
Sept.	Sept.
Oct.	Oct.
Nov.	Nov.
Déc.	Déc.

Rempotage

LES PROBLÈMES À SURVEILLER

Les cochenilles peuvent envahir le revers des feuilles. Si la pointe du limbe brunit, c'est que l'air est trop sec : vaporisez régulièrement le feuillage.

Les bonnes associations

Associez le dracéna à des feuillages contrastés, par exemple celui du philodendron grimpant, mais aussi en groupes de grands sujets, avec des fatshédéras, des palmiers ou des ficus.

Exacum, violette de Perse

Cette annuelle ou vivace éphémère native du Yémen offre dans la maison une potée fleurie de charme, même si on ne la conserve pas après la floraison. Celle-ci peut durer plusieurs mois si vous soignez bien la plante. L'exacum forme une petite touffe compacte (20 cm de hauteur et diamètre) de feuillage vert vif, brillant, parsemé d'innombrables petites fleurs bleu-violet à œil jaune, ou bien blanches à œil jaune.

- **L'emplacement :** une lumière vive sans soleil direct, une température douce et constante (c'est à 16-18 °C que la floraison est la plus durable), une bonne humidité de l'air si la température de la pièce dépasse 18 °C, voilà qui plaît à cette petite plante que vous pouvez installer dans une salle de bains ou une cuisine, mais aussi dans la salle à manger ou le salon.
- **La floraison :** les petites fleurs en coupe, bleu-violet ou blanches, à étamines jaune d'or, apparaissent naturellement en été, mais les horticulteurs proposent tout au long de l'année des plantes fleuries.
- **L'arrosage :** il demande un peu de doigté car, s'il est insuffisant, la floraison est écourtée mais, s'il est excessif, la plante risque tout autant de dépérir. Il est indispensable de maintenir le terreau légèrement humide en permanence, en arrosant tous les jours ou tous les 2 jours si nécessaire en atmosphère chaude (température supérieure à 20 °C), mais sans laisser l'eau stagner dans la soucoupe ou le cache-pot.

LE CONSEIL RUSTICA

Dans une pièce bien chauffée, augmentez l'humidité de l'air pour prolonger la floraison de l'exacum : posez le pot sur un lit de billes d'argile trempant dans un peu d'eau.

Quelles variétés choisir ?

'White Midget' offre des fleurs d'un blanc pur, mais il existe aussi des formes à fleurs doubles, bleues ou blanches, assez rares.

LES PROBLÈMES À SURVEILLER

Le feuillage, qui jaunit et s'affaisse, et la base des tiges qui noircit indiquent une pourriture généralement causée par des arrosages excessifs.

- **Les apports d'engrais :** soutenez la floraison par des apports hebdomadaires d'engrais liquide pour plantes fleuries, faiblement dosé.
- **Le rempotage :** il est inutile, car cette petite plante perd rapidement son intérêt décoratif après la floraison.
- **Les petits soins :** supprimez les fleurs fanées pour stimuler le renouvellement des boutons floraux.

Les bonnes associations

Réunissez plusieurs sujets identiques ou de teinte différente dans une grande coupe ou une jardinière pour composer par exemple un décor de table très fleuri, ou bien alternant exacums et petits lierres panachés dans une jardinière sur un appui de fenêtre.

moyenne

assez copieux

vive tamisée

15-22 °C

Janv.	Janv.
Fév.	Fév.
Mars	Mars
Avril	Avril
Mai	Mai
Juin	Juin
Juil.	Juil.
Août	Août
Sept.	Sept.
Oct.	Oct.
Nov.	Nov.
Déc.	Déc.

Floraison

Fatshédéra, aralia-lierre

LE CONSEIL RUSTICA

Un séjour estival à mi-ombre sur le balcon ou la terrasse est très bénéfique pour l'aralia-lierre.

ATTENTION TOXIQUE

Comme le lierre et le fatsia qui sont ses « parents », le fatshédéra présente une certaine toxicité en cas d'ingestion des feuilles. Surveillez les jeunes enfants et les animaux domestiques.

Ce petit arbuste à port ramifié et étalé, aux tiges assez souples, est un hybride issu du croisement entre un lierre et un fatsia. C'est une plante facile et robuste en intérieur, qui peut atteindre 1,50 m de haut et déploie de belles feuilles vert foncé lustré, palmées et lobées. Très adaptable côté température, c'est une plante idéale pour une entrée fraîche ou un palier peu chauffé.

- **L'emplacement :** le fatshédéra apprécie une lumière vive, sans jamais de soleil direct cependant, mais se contente aussi d'une situation un peu éloignée d'une fenêtre, ou d'une exposition au nord. Il est assez accommodant également pour ce qui est de la température, ce qui en fait une grande plante facile à intégrer dans un intérieur.
- **La floraison :** les sujets bien développés peuvent fleurir en automne, en ombelles verdâtres rappelant les fleurs du lierre.
- **L'arrosage :** arrosez une à deux fois par semaine du printemps à l'automne, en laissant le terreau sécher sur 2 à 3 cm entre deux apports d'eau, une fois par semaine environ en hiver dans une pièce normalement chauffée, tous les 10 jours seulement en situation fraîche (12-15 °C). Utilisez de préférence une eau non calcaire.
- **Les apports d'engrais :** fertilisez tous les 15 jours d'avril à septembre, avec un engrais liquide pour plantes vertes.

Quelles variétés choisir ?

Il existe des formes panachées de blanc, crème ou jaune pâle, souvent un peu plus fragiles et plus exigeantes en lumière que l'hybride à feuillage uni.

- **Le rempotage :** il s'effectue tous les ans ou tous les 2 ans en début de printemps, selon la vigueur de la croissance, dans un pot un peu plus grand et dans un bon terreau de rempotage, si possible enrichi d'un quart de terre de jardin.
- **La multiplication :** vous pouvez prélever quelques pousses terminales au printemps ou en été et les faire raciner tout simplement dans l'eau.
- **Les petits soins :** lorsque la température dépasse 18 à 20 °C dans la maison, augmentez l'humidité de l'air en posant le pot du fasthédéra sur un lit de billes d'argile trempant dans un peu d'eau. Soutenez les tiges qui manquent de rigidité par un ou plusieurs tuteurs et pincez les pousses qui ne se ramifient pas suffisamment.

LES PROBLÈMES À SURVEILLER

Faites attention, les pucerons noirs envahissent parfois les jeunes pousses au printemps. Pincez celles-ci entre le pouce et l'index pour éliminer les parasites tant qu'ils sont peu nombreux.

Les bonnes associations

Pensez aux feuillages panachés peu exigeants en lumière, comme ceux du lierre ou du piléa, ou finement découpés tels ceux des fougères.

facile

modéré

vive tamisée, ou mi-ombre

8-22 °C

Janv.	Janv.
Fév.	Fév.
Mars	Mars
Avril	Avril
Mai	Mai
Juin	Juin
Juil.	Juil.
Août	Août
Sept.	Sept.
Oct.	Oct.
Nov.	Nov.
Déc.	Déc.

■ Rempotage

Ficus, figuier

Les ficus, originaires des régions tropicales d'Asie, figurent parmi les plus populaires de nos plantes d'intérieur. On les apprécie pour leur robustesse, leur silouhette de petits arbres très décoratifs, leurs feuillages variés, unis ou panachés, lustrés, coriaces ou souples. Le caoutchouc *(Ficus elastica)* et le figuier pleureur, *(F. benjamina)*, sont les plus courants

LE CONSEIL RUSTICA

À mi-ombre et à l'abri du vent, un séjour dehors en été réussit au feuillage des grands ficus.

- **L'emplacement :** une lumière vive, mais pas de soleil direct à la mi-journée, est idéale pour les grands ficus, même s'ils supportent aussi une luminosité moyenne. Ils se plaisent dans une pièce normalement chauffée : salon, bureau ou salle à manger, par exemple.
- **L'arrosage :** arrosez jusqu'à deux fois par semaine en période chaude estivale, mais pas plus d'une fois par semaine en hiver, en laissant le terreau sécher sur quelques centimètres entre deux apports d'eau. Utilisez toujours une eau à la température de la pièce.
- **Les apports d'engrais :** fertilisez tous les 15 jours d'avril à début octobre, avec un engrais liquide pour plantes vertes.
- **Le rempotage :** il doit avoir lieu tous les ans pour les jeunes plantes, puis tous les 2 ou 3 ans, dans un bon terreau de rempotage, éventuellement additionné d'un tiers de terre de jardin. Pour les plus grandes plantes, un surfaçage printanier suffit.
- **La multiplication :** essayez le bouturage dans l'eau pour *Ficus benjamina*, le marcottage aérien pour *F. elastica*.

ATTENTION TOXIQUE

Le latex blanc des ficus est faiblement toxique en cas d'ingestion (en particulier par les jeunes enfants) et peut également être responsable de réactions allergiques cutanées.

Quelles espèces et variétés choisir ?

Caoutchouc comme figuier pleureur offrent toute une diversité de variétés à feuillage joliment panaché de blanc, crème, vert pâle, mais recherchez aussi les espèces moins courantes comme le majestueux *Ficus lyrata* aux très grandes feuilles vernissées en forme de lyre.

- **Les petits soins :** dépoussiérez les grandes feuilles en les essuyant avec un chiffon humide, les feuilles fines du figuier pleureur par une douche fine et tiède. Étêtez la tige unique d'un caoutchouc au printemps pour l'inciter à se ramifier et pratiquez une taille légère du figuier pleureur pour équilibrer la silhouette et éliminer les pousses sèches.
- **Une plante dépolluante :** les ficus en général, *Ficus benjamina* et *F. elastica* en particulier, sont très précieux pour absorber le formaldéhyde dégagé par le bois aggloméré, ainsi que certaines colles, résines et peintures.

LES PROBLÈMES À SURVEILLER

Les cochenilles, le plus souvent les espèces à bouclier, parfois aussi les cochenilles farineuses, sont l'ennemi numéro un des ficus. Elles passent souvent inaperçues sous les feuilles et les tiges, où on ne les découvre que quand le feuillage devient collant et manque de vigueur. Surveillez régulièrement le revers des feuilles pour éliminer manuellement les parasites, ou pulvérisez une huile minérale.

Un original, le figuier rampant

Ficus pumila diffère radicalement des grands ficus arbustifs par son port rampant, ses tiges fines aux petites feuilles en cœur, d'aspect froissé. Parfait pour habiller la surface d'un grand pot ou bac ou pour retomber joliment d'une suspension, il aime la mi-ombre et l'ambiance humide de la salle de bains.

facile

modéré

vive tamisée

12-25 °C

Janv.	Janv.
Fév.	Fév.
Mars	Mars
Avril	Avril
Mai	Mai
Juin	Juin
Juil.	Juil.
Août	Août
Sept.	Sept.
Oct.	Oct.
Nov.	Nov.
Déc.	Déc.

Rempotage

Fougères

Les fougères cultivées en intérieur se caractérisent par un feuillage généralement luxuriant, découpé ou entier, toujours persistant. Elles sont peu exigeantes en lumière et chaleur, mais elles demandent des arrosages réguliers et souvent une hygrométrie assez élevée, elles font de beaux sujets pour les pièces fraîches de la maison. Elles se plaisent aussi dans la salle de bains comme dans la véranda.

Des plantes d'ombre

Dans leur habitat naturel, les fougères poussent souvent dans les sous-bois. En intérieur, il faut veiller à les protéger de tout ensoleillement direct, leur offrir une lumière tamisée à la mi-journée ou bien une lumière moyenne, à 1 ou 2 m d'une fenêtre. N'imaginez pas cependant les installer dans un coin sombre au fond d'une pièce, elles y dépériraient rapidement.

Sensibles à l'air sec

Les fougères cultivées en intérieur demandent en règle générale une hygrométrie de l'ordre de 60 à 80 %. Pour créer une ambiance humide autour de ces plantes en hiver dans une pièce chauffée, il est nécessaire de grouper plusieurs sujets et de poser leur pot sur un lit de billes d'argile maintenues humides en permanence.

Un air trop sec se traduit généralement par le brunissement du bord ou de l'extrémité des frondes (les feuilles des fougères), à ne pas confondre avec un dessèchement total plutôt causé par un manque d'arrosage. Il est important également de leur éviter les courants d'air froids, mal supportés.

Des arrosages à ne pas négliger

Les fougères demandent un peu de doigté pour l'arrosage. Elles apprécient un terreau légèrement humide en permanence, tandis qu'un substrat desséché ou, au contraire, imbibé d'eau va entraîner un dessèchement rapide du feuillage.

Il s'agit donc de trouver un rythme d'arrosage régulier, selon la température et la saison, de façon à maintenir les racines au frais.

Si le terreau est humide et que les feuilles sèchent, n'arrosez pas à nouveau : laissez plutôt un peu sécher la motte, car elle souffre sans doute d'un excès d'eau. Si le terreau est sec, vous couperez au besoin les frondes mortes et arroserez plus fréquemment. La souche devrait alors former un nouveau feuillage.

Le bon terreau

S'il est possible de cultiver les fougères dans un terreau de rempotage ordinaire, elles seront cependant plus vigoureuses dans un mélange riche en terreau de feuilles, de la composition suivante : 1 volume de tourbe ou matériau équivalent, 1 volume d'écorce de calibre moyen, 2 à 3 volumes de terreau de feuilles.

Pour ce qui est des apports d'engrais, utilisez un engrais pour plantes vertes, mais diluez les doses de moitié pour les fougères qui sont des plantes sobres.

Capillaire

Adiantum

ficile

copieux

ombre

20 °C

Une petite fougère délicate, à croissance lente, sensible à toute lumière trop intense, à toute sécheresse de l'air ou du terreau, mais au superbe feuillage ciselé en folioles triangulaires, vert tendre.

LE CONSEIL RUSTICA

Évitez tout à-coup dans l'entretien comme dans les conditions d'environnement (pas de coups de soleil, de courants d'air froids, d'oublis en matière d'arrosage) et une fois le bon emplacement trouvé, ne déplacez plus la capillaire.

Fougère de Boston

facile

assez co

vive tam
mi-om

12-20

Nephrolepis

Cette fougère au feuillage ample et généreux, aux longues frondes finement divisées et découpées, peut atteindre avec l'âge au moins 1 m de diamètre.

Vous trouverez différentes variétés de *Nephrolepis exaltata*, à feuillage plus ou moins finement frisé, divisé, ondulé, toutes très décoratives, comme 'Aurea' aux frondes à reflets dorés, ou 'Corditas', très frisée. Vous trouverez aussi des formes naines, beaucoup plus compactes.

LE CONSEIL RUSTICA

Cultivez cette belle fougère en suspension ou placez-la en hauteur pour mieux admirer son feuillage retombant... Elle se plaît dans un pot large et relativement peu profond, pour y étaler ses racines. Vaporisez quotidiennement les frondes, au revers surtout, en situation assez chaude et sèche, car elle demande une hygrométrie assez élevée.

Plante dépolluante

Le néphrolépis est une plante très efficace pour filtrer le formaldéhyde présent dans nos intérieurs.

acile

: copieux

tamisée

-22 °C

Fougère nid d'oiseau

Asplenium nidus

Une fougère originale aux frondes entières, très graphiques, vert clair, à bord ondulé et nervure centrale brun foncé, disposées en rosette évasée. Une salle de bains humide et assez chaude, sans lumière vive, lui offrira un environnement favorable à sa croissance. Un beau sujet peut atteindre près de 1 m de diamètre.

LE CONSEIL RUSTICA

Évitez de mouiller le cœur de la rosette de feuilles, qui pourrait pourrir, mais entretenez une humidité de l'air élevée autour de la plante. Il convient de faire attention aussi aux courants d'air froids, mal supportés. Utilisez pour le rempotage un terreau très léger et fibreux pour cette fougère souvent épiphyte dans la nature, par exemple un mélange à parts égales de terreau de rempotage, tourbe et terre de bruyère. Faites attention aux jeunes frondes, qui sont très fragiles et se déchirent facilement.

Ptéris

Ces petites fougères de 30 à 40 cm de hauteur et diamètre s'adaptent bien à la culture en intérieur. *Pteris cretica* est particulièrement élégant avec ses frondes aux folioles linéaires, et même panachées pour certaines variétés. Robustes, elles se contentent d'une hygrométrie moyenne.

LE CONSEIL RUSTICA

Les ptéris sont assez exigeants en lumière, surtout les formes panachées, mais le soleil direct, qui brûle le feuillage, est toujours à proscrire.

faci

assez c

vive ta

12-2

D'AUTRES FOUGÈRES POUR LA MAISON

Moins courantes, parfois plus délicates, d'autres fougères s'acclimatent dans nos intérieurs et y déploient leurs précieux feuillages ciselés.

- C'est le cas de ***Blechnum brasiliense***, une plante d'ombre aux frondes finement découpées et lustrées, qui apprécie une température assez chaude (18-22 °C), mais demande une humidité de l'air élevée.
- **La fougère patte-de-lapin** *(Davallia)* est très élégante en suspension, alliant un feuillage vert soutenu finement divisé et des rhizomes velus débordant du pot (d'où son nom de patte de lapin). Elle apprécie une lumière vive tamisée et préfère les pièces modérément chauffées.
- ***Pellaea rotundifolia*** est une petite fougère remarquable par ses frondes étalées, aux minuscules folioles rondes, vert sombre, veloutées. Elle se contente de la mi-ombre et supporte une température de 20 °C si vous augmentez l'humidité de l'air. Ne mouillez pas les folioles coriaces lors de l'arrosage.
- La plus originale est **la fougère corne-de-cerf**, *Platycerium bifurcatum*, une espèce épiphyte, à cultiver en suspension. Elle déploie de grandes frondes gris-vert, coriaces et peu découpées, dont la forme évoque une corne d'élan ou de cerf, ainsi que des frondes stériles brunes à la base de la plante. Arrosez-la par immersion une fois par semaine et entretenez une hygrométrie élevée autour de cette fougère.

Gardénia
Gardenia augusta (syn. G. jasminoides)

Gardénia

Cet arbuste asiatique buissonnant peut atteindre plusieurs mètres de hauteur dans son habitat naturel. Nous le cultivons comme plante d'intérieur ou de serre, pour ses belles feuilles vernissées et sombres, sa floraison délicieusement odorante, en fleurs cireuses blanches, doubles, prenant avant de faner une teinte crème. Le gardénia est malheureusement très délicat à conserver si vous ne disposez pas d'une serre.

- **L'emplacement :** le temps de la floraison, installez le gardénia en situation lumineuse, mais hors de portée du soleil direct, dans une pièce chaude sans excès, avec une bonne humidité de l'air (posez pour cela le pot sur un lit de billes d'argile humides). L'idéal est de pouvoir le garder toute l'année sous serre ou véranda, avec une hygrométrie élevée, une bonne circulation d'air et une lumière vive tamisée.
- **La floraison :** elle peut durer plusieurs mois si elle est dans de bonnes conditions de culture, les fleurs semi-doubles à doubles, blanches, offrant un parfum puissant, presque entêtant. Supprimez les fleurs fanées.
- **L'arrosage :** utilisez toujours une eau non calcaire, à température ambiante. En été, arrosez tous les 2 à 4 jours, de façon à maintenir le terreau légèrement humide mais sans excès (ne laissez jamais l'eau stagner dans la soucoupe). Arrosez environ une fois par semaine en hiver, tous les 10 à 15 jours pendant le repos végétatif.
- **Les apports d'engrais :** d'avril à début septembre, apportez tous les 15 jours un engrais liquide pour plantes fleuries acidophiles, par exemple un engrais pour azalées ou pour orchidées.

LE CONSEIL RUSTICA

Déplacement ou rotation du pot, courants d'air ou baisse de température peuvent causer la chute des boutons floraux. Ne touchez plus au gardénia dès que les boutons apparaissent. Maintenez des conditions d'environnement très constantes.

ATTENTION TOXIQUE

Le gardénia ne semble pas présenter de toxicité, mais pourrait être allergisant pour des personnes sensibles.

Quelles espèces et variétés choisir ?

'Veitchii' est une variété très prisée pour sa floraison hivernale. *Gardenia tahitensis* est une espèce peu courante en pot, à fleurs étoilées blanc pur, originaire de Polynésie où elle est appelée tiaré et utilisée en parfumerie.

difficile

modéré

vive tamisée

10-22 °C

- **Le rempotage :** intervenez chaque année ou tous les 2 ans après la floraison, en utilisant un mélange composé à parts égales de terreau de rempotage et de terre de bruyère.

- **Les petits soins :** pour demeurer vigoureux et refleurir, le gardénia apprécie un séjour extérieur en situation ombragée et abritée du vent en été. Puis en hiver, il a besoin d'une période de repos de 1 ou 2 mois à température basse (12 °C environ), avec des arrosages très réduits, pour initier la floraison.

LES PROBLÈMES À SURVEILLER

Les cochenilles peuvent envahir le feuillage des plantes affaiblies, tandis que la pourriture grise se manifeste en atmosphère humide et froide.

Janv.	Janv.
Fév.	Fév.
Mars	Mars
Avril	Avril
Mai	Mai
Juin	Juin
Juil.	Juil.
Août	Août
Sept.	Sept.
Oct.	Oct.
Nov.	Nov.
Déc.	Déc.

Rempotage
Floraison
Repos

Les bonnes associations

Des plantes vertes assez discrètes mettront en valeur cette belle floraison, comme le lierre ou le figuier rampant, mais veillez à ce que l'air circule autour du pot du gardénia.

Gloxinia

Le gloxinia des fleuristes, dont les espèces d'origine sont natives des forêts tropicales du Brésil, se développe à partir d'un tubercule, en une rosette de grandes feuilles ovales, veloutées, vert foncé, dominées au printemps ou en été par de grosses fleurs en clochette, veloutées également, blanches, roses à rouges ou bleu-violet, souvent ourlées de blanc. Il est possible de conserver les tubercules pour les faire refleurir, mais la floraison s'essouffle généralement au bout de quelques années.

- **L'emplacement :** le gloxinia demande beaucoup de lumière pour fleurir généreusement, mais évitez tout soleil direct entre 10 h et 17 h. Gardez-le autant que possible à température constante, mais posez le pot sur un lit de billes d'argile humides si la température de la pièce dépasse 20 °C.
- **La floraison :** elle peut durer plusieurs semaines, et même jusqu'à 2 mois dans de bonnes conditions de culture.
- **L'arrosage :** utilisez une eau douce et à température ambiante, en la versant dans la soucoupe et non en surface du terreau, pour éviter les risques de pourriture du tubercule. Arrosez environ deux fois par semaine pendant la floraison, mais videz la soucoupe 20 minutes après l'arrosage et laissez sécher le terreau sur 2 à 3 cm avant tout nouvel apport d'eau.
- **Les apports d'engrais :** fertilisez tous les 15 jours d'avril à septembre, avec un engrais pour plantes fleuries.

LE CONSEIL RUSTICA

Pour conserver le gloxinia après la floraison, réduisez légèrement les arrosages, puis cessez-les quand les feuilles jaunissent et sèchent. Supprimez alors les feuilles et gardez le tubercule au frais (15 °C environ) et au sec pendant l'hiver, jusqu'au rempotage et à la reprise d'arrosages réguliers au printemps.

Quelles variétés choisir ?

Faites votre choix en fonction des fleurs, unies ou bicolores, simples ou doubles, à pétales frangés ou non.

moyenne

modéré

vive sans soleil direct

14-25 °C

- **Le rempotage :** rempotez les tubercules en début de printemps pour les inciter à entrer en croissance, dans un mélange composé à parts égales de terreau de rempotage et de terre de bruyère. N'enterrez pas entièrement le tubercule, mais laissez juste dépasser le collet.

- **La multiplication :** au printemps, vous pourrez diviser les tubercules ou bouturer les feuilles.

- **Les petits soins :** il est nécessaire de supprimer sans attendre les fleurs fanées et les feuilles jaunies ou sèches, pour éviter les risques de pourriture.

LES PROBLÈMES À SURVEILLER

Les tubercules sont sensibles à la pourriture en cas d'humidité excessive. Évitez de mouiller les feuilles lors de l'arrosage, elles se tachent et se détériorent facilement.

Janv.	Janv.
Fév.	Fév.
Mars	Mars
Avril	Avril
Mai	Mai
Juin	Juin
Juil.	Juil.
Août	Août
Sept.	Sept.
Oct.	Oct.
Nov.	Nov.
Déc.	Déc.

Rempotage
Floraison
Repos

Les bonnes associations

De petits feuillages discrets mettront cette floraison en valeur, par exemple ceux du piléa, du figuier rampant ou d'un petit lierre, mais vous pouvez aussi faire voisiner gloxinia, saintpaulia ou exacum pour varier les floraisons.

Hibiscus

Petite potée fleurie à l'achat, l'hibiscus se révèle facile à conserver et à faire refleurir dans la maison, où il peut atteindre au bout de quelques années près de 2 m de haut et plus de 1 m de large. Prévoyez de lui offrir suffisamment d'espace dans une grande pièce lumineuse, le salon par exemple, mais aussi une véranda chauffée ou une chambre claire. Il y fleurira presque toute l'année en grandes fleurs soyeuses et colorées.

LE CONSEIL RUSTICA

Pour le garder longtemps, sortez l'hibiscus au jardin de juin à début septembre, d'abord à mi-ombre, puis en situation ensoleillée et abritée du vent. La croissance des grands sujets est si vigoureuse qu'il faut parfois les tailler à nouveau en fin d'été, avant de les rentrer dans la maison.

- **L'emplacement :** dans la maison, l'hibiscus demande le plus possible de lumière, mais pas de soleil direct en été entre 10 h et 16 h. En hiver, une température de 16 à 18 °C est idéale ; à 20 °C, prévoyez d'augmenter l'humidité de l'air autour du feuillage.
- **La floraison :** les fleurs en entonnoir, aux pétales à texture chiffonnée et à long bouquet central d'étamines, sont éphémères et ne durent qu'une journée. Elles se renouvellent cependant pendant de longs mois, toute l'année si l'hibiscus reçoit assez de lumière.
- **L'arrosage :** arrosez copieusement en période de croissance pour soutenir la floraison, tous les 2 jours si nécessaire, sans toutefois laisser l'eau stagner dans la soucoupe en permanence. En hiver, un arrosage hebdomadaire suffit, mais veillez à bien mouiller la motte en profondeur si l'hibiscus se trouve dans une pièce chaude. Utilisez de préférence une eau peu ou non calcaire.
- **Les apports d'engrais :** apportez un engrais liquide pour plantes fleuries, tous les 15 jours de mars à fin septembre.

Quelles variétés choisir ?

Faites votre choix chez le fleuriste ou en jardinerie, parmi les nombreuses variétés proposées, le plus souvent à fleurs simples, parfois à fleurs doubles, dans des tons de jaune, rose à rouge orangé, écarlate. 'Cooperi' offre un feuillage fortement panaché de blanc et des fleurs rouges. Vous trouverez également des formes bicolores, par exemple jaune à gorge rouge.

- **Le rempotage :** il doit avoir lieu chaque année au printemps pour les jeunes plantes, puis tous les 2 ou 3 ans, dans un terreau de rempotage enrichi en terre de jardin dans le cas des grands sujets. Lorsque le rempotage devient difficile du fait de la taille de la plante, procédez alors à un surfaçage annuel : éliminez 4 à 5 cm de terre en surface et remplacez-les par du terreau frais et riche.

- **Les petits soins :** taillez les hibiscus en fin d'hiver pour stimuler la ramification des tiges et donc la floraison, mais aussi pour limiter leur développement. N'hésitez pas à rabattre les tiges trop longues ou déséquilibrées des grands sujets.

LES PROBLÈMES À SURVEILLER

Les pucerons noirs ou verts peuvent envahir les pousses au printemps. Taillez sans attendre pour les éliminer.

Les bonnes associations

Pensez aux grandes plantes vertes comme les ficus, dracéna ou palmier lorsque l'hibiscus atteint une grande taille. Vous pouvez aussi entourer le pot d'espèces basses au feuillage contrasté, tels les asparagus ou les bégonias à feuillage décoratif.

facile

assez copieux

vive sans soleil direct

10-25 °C

Rempotage	Floraison
Janv.	Janv. (Floraison)
Fév.	Fév. (Floraison)
Mars (Rempotage)	Mars (Floraison)
Avril (Rempotage)	Avril (Floraison)
Mai	Mai (Floraison)
Juin	Juin (Floraison)
Juil.	Juil. (Floraison)
Août	Août (Floraison)
Sept.	Sept. (Floraison)
Oct.	Oct. (Floraison)
Nov.	Nov. (Floraison)
Déc.	Déc. (Floraison)

Rempotage
Floraison

Hortensia

Arbuste d'origine asiatique, très planté dans nos jardins, l'hortensia est également proposé comme potée fleurie pour la maison au printemps. Ses grosses inflorescences, plates ou globuleuses selon les variétés, blanches, roses à rouges ou bleues, sont très décoratives mais peu durables dans la maison si vous ne pouvez offrir à l'hortensia une pièce assez fraîche.

LE CONSEIL RUSTICA

Si vous conservez l'hortensia dans une pièce chaude, placez-le pour la nuit dans un endroit plus frais (12 à 15 °C) afin de prolonger la floraison.

ATTENTION TOXIQUE

L'hortensia est une plante toxique en cas d'ingestion, qui est cause de désordres digestifs généralement légers. Le contact avec le feuillage peut aussi être responsable de réactions cutanées allergiques.

- **L'emplacement :** le temps de la floraison, l'idéal est une situation lumineuse, sans soleil direct, par exemple une exposition est ou ouest, dans une pièce relativement peu chauffée, si possible à 15-16 °C. Au-delà de 18 °C, la floraison est très écourtée. Une véranda, est bien sûr, un emplacement parfait.
- **La floraison :** elle peut durer plusieurs semaines lorsque la température reste fraîche. Faites attention, si la température de la pièce dépasse 18-20 °C, avec un air sec, les inflorescences sèchent rapidement.
- **L'arrosage :** il doit être très régulier durant la floraison, de façon à maintenir le terreau légèrement humide en permanence, tout en évitant l'humidité stagnante. Utilisez une eau douce, à température de la pièce. L'eau de pluie est idéale pour ces arrosages, mais prenez bien soin de la laisser se réchauffer dans la pièce avant d'arroser.
- **Les apports d'engrais :** ils ne sont pas indispensables étant donné le caractère éphémère de la plante, mais vous pouvez soutenir la floraison par des apports hebdomadaires d'engrais pour plantes fleuries, dilué de moitié.
- **Le rempotage :** si vous conservez votre hortensia sous serre, rempotez-le dans un mélange composé à parts égales de terreau de rempotage et de terre de bruyère.
- **Les petits soins :** coupez les inflorescences à la base dès qu'elles sont fanées.

Quelles variétés choisir ?

Choisissez la teinte de votre choix, l'aspect des inflorescences, plates ou bombées.

moyenne

assez copieux

vive tamisée

8-20 °C

■ **Après la floraison :** si vous disposez d'un jardin et si l'hortensia ne semble pas avoir souffert dans la maison, le mieux est de le planter en pleine terre dès qu'il est défleuri. Choisissez un emplacement à mi-ombre, frais, en sol non calcaire. Si vous disposez d'une serre, vous pouvez tenter de le conserver en le taillant court en fin d'hiver. Dans les autres cas, éliminez cette plante après la floraison.

LES PROBLÈMES À SURVEILLER

Le feuillage qui s'affaisse indique généralement que le terreau est sec ; arrosez sans attendre. Faites attention aussi à l'oïdium qui peut se développer en feutrage blanchâtre sur les feuilles, en cas d'arrosages irréguliers et d'aération insuffisante.

Janv.	Janv.
Fév.	Fév.
Mars	Mars
Avril	Avril
Mai	Mai
Juin	Juin
Juil.	Juil.
Août	Août
Sept.	Sept.
Oct.	Oct.
Nov.	Nov.
Déc.	Déc.

■ Rempotage
■ Floraison

Les bonnes associations

Par ses exigences particulières et sa floraison imposante, l'hortensia gagne à être isolé sur une table ou un appui de fenêtre, sauf à l'entourer de floraisons en camaïeu, par exemple de primevères ou jacinthes.

Hoya, fleur de porcelaine

Ces belles plantes à tiges grimpantes ou retombantes sont superbes en suspension comme palissées sur un arceau ou treillage. Elles mériteraient d'être davantage cultivées en intérieur, alliant des feuilles charnues, coriaces, lancéolées, et une longue floraison en ombelles de fleurs cireuses, aux teintes douces, souvent odorantes.

- **L'emplacement :** une lumière vive, jamais de soleil direct, une température douce et constante et une bonne hygrométrie si la température dépasse 18 à 20 °C (faites des vaporisations fréquentes du feuillage, sans mouiller les fleurs), voilà qui convient à l'hoya, à installer donc dans une véranda, un salon ou un bureau.
- **La floraison :** elle est surtout estivale, mais peut se prolonger jusqu'en hiver dans de bonnes conditions de culture. Les petites fleurs étoilées, à texture cireuse, dégagent généralement un parfum marqué en soirée.
- **L'arrosage :** utilisez toujours de l'eau douce, non calcaire, et à température ambiante. Arrosez environ deux fois par semaine en été, une fois par semaine en hiver (moins pendant le repos au frais), en laissant toujours le mélange de culture sécher sur 2 à 3 cm entre deux apports d'eau.

LE CONSEIL RUSTICA

En janvier-février au moins, l'hoya a besoin d'une période de repos végétatif au frais (12-15 °C), avec des arrosages très réduits, pour initier la floraison suivante.

ATTENTION TOXIQUE

L'hoya peut, semble-t-il, présenter une faible toxicité en cas d'ingestion. Aussi, préférez l'installer hors de portée des jeunes enfants ou des animaux domestiques.

Quelles espèces et variétés choisir ?

Les plantes les plus couramment proposées sont *Hoya bella*, aux ombelles plates de fleurs blanches à œil rouge, dont la floraison peut se prolonger sous serre presque jusqu'au printemps suivant, ainsi que *H. carnosa*, aux ombelles bombées de fleurs blanches et roses, au parfum puissant.

moyenne

modéré

vive tamisée

12-25 °C

- **Les apports d'engrais :** d'avril à septembre, apportez toutes les 2 ou 3 semaines un engrais liquide pour plantes fleuries.
- **Le rempotage :** intervenez tous les 2 ou 3 ans en début de printemps, en utilisant un terreau léger, composé par exemple d'un tiers de terreau de rempotage ordinaire, d'un tiers de terre de bruyère et d'un tiers de sable grossier. Ne choisissez pas un pot trop grand, car l'hoya fleurit mieux quand il se trouve un peu à l'étroit.
- **Les petits soins :** en fin de floraison, intervenez pour pincer l'extrémité des tiges, ce qui favorise la ramification et la floraison suivante. Évitez de tailler court les tiges ayant fleuri, car elles risqueraient de ne pas refleurir.

LES PROBLÈMES À SURVEILLER

Les cochenilles sont assez fréquentes sous les feuilles. Il est bon d'inspecter régulièrement le feuillage pour les éliminer manuellement tant qu'elles sont peu nombreuses.

Les bonnes associations

La fleur de porcelaine peut se placer avec d'autres suspensions telles que la misère, l'aeschynanthus ou le figuier rampant, derrière une fenêtre.

Janv.	Janv.
Fév.	Fév.
Mars	Mars
Avril	Avril
Mai	Mai
Juin	Juin
Juil.	Juil.
Août	Août
Sept.	Sept.
Oct.	Oct.
Nov.	Nov.
Déc.	Déc.

- Rempotage
- Floraison
- Repos

Hypoestes, plante aux éphélides

Sous-arbrisseau originaire de Madagascar, l'hypoestes est apprécié dans nos intérieurs pour son feuillage coloré très décoratif. Il forme une touffe basse, ramifiée, aux petites feuilles ovales finement duveteuses, plus ou moins fortement mouchetées de rose à rouge sur un fond vert foncé. Il en existe aussi des formes panachées de blanc-crème.

- **L'emplacement :** il faut trouver pour cette petite plante le bon équilibre entre lumière vive (jamais de soleil direct mais pas de coin sombre), température normale d'une pièce chauffée et humidité de l'air suffisante. Posez pour cela le pot sur un lit de billes d'argile trempant dans un peu d'eau et n'hésitez pas à grouper plusieurs plantes pour créer un microclimat plus humide.
- **La floraison :** de petits épis bleu-mauve, assez insignifiants, peuvent apparaître au printemps et en début d'été. Préférez les supprimer, car ils se développent au détriment du feuillage.
- **L'arrosage :** il doit être régulier, de façon à maintenir le terreau légèrement humide en permanence en période estivale de croissance, soit deux à trois fois par semaine si besoin est, mais sans laisser l'eau stagner sous le pot. Un arrosage par semaine en hiver suffit. Utilisez de préférence une eau douce.
- **Les apports d'engrais :** apportez un engrais liquide pour plantes vertes tous les 15 jours d'avril à septembre.

LE CONSEIL RUSTICA

Au bout de 1 à 2 ans de culture, les tiges de l'hypoestes se dégarnissent et la plante perd de son attrait. Faites chaque année quelques boutures pour composer de nouvelles potées bien fournies.

Quelles variétés choisir ?

Vous trouverez une palette de variétés différant par les teintes et l'importance des panachures, certaines à feuillage presque entièrement rose ou crème.

LES PROBLÈMES À SURVEILLER

Si l'air ou le terreau sont secs, le bord des feuilles sèche et s'enroule. Mais attention aussi à la pourriture grise en cas d'excès d'humidité.

- **Le rempotage :** il doit avoir lieu chaque année en mars-avril, dans un bon terreau de rempotage, éventuellement additionné d'un peu de terreau de feuilles.
- **La multiplication :** le bouturage de jeunes pousses dans l'eau est très simple à réaliser. Vous pouvez grouper plusieurs boutures racinées dans un pot large pour obtenir rapidement une belle potée touffue et colorée, en associant au besoin des variétés différentes.
- **Les petits soins :** pincez régulièrement les tiges pour conserver à la plante un port compact et buissonnant, sans quoi les tiges s'allongent.

Les bonnes associations

Associez plusieurs variétés d'hypoestes pour des contrastes colorés, ou de petites plantes vertes telles que des petites fougères, un piléa ou un pépéromia, pour jouer sur les oppositions de formes et de textures.

facile

assez copieux

vive tamisée

12-22 °C

Janv.	Janv.
Fév.	Fév.
Mars	Mars
Avril	Avril
Mai	Mai
Juin	Juin
Juil.	Juil.
Août	Août
Sept.	Sept.
Oct.	Oct.
Nov.	Nov.
Déc.	Déc.

Rempotage

Impatience de Nouvelle-Guinée

LE CONSEIL RUSTICA

Les tiges fragiles des impatiences cassent très facilement. Ne placez donc pas le pot ou la suspension sur un lieu de passage.

Ces plantes buissonnantes, de 30 à 50 cm de hauteur et d'étalement, offrent des potées fleuries très durables pour la maison, alliant de grandes feuilles lancéolées lustrées, vertes, bronze ou encore panachées, et de grandes fleurs plates et colorées, dans des tons de jaune à orangé, rose à rouge vif.

- **L'emplacement :** si, comme toutes les impatiences, celles-ci supportent un peu d'ombre, elles seront plus florifères à la lumière vive, mais toujours hors de portée du plein soleil. Elles préfèrent par ailleurs les pièces modérément chauffées (16 à 18 °C). À 18-20 °C, augmentez l'humidité de l'air en posant le pot sur un lit de billes d'argile trempant dans un peu d'eau.
- **La floraison :** elle commence en fin de printemps et se prolonge parfois, dans de bonnes conditions, jusqu'en fin d'hiver suivant. Les fleurs colorées, à éperon fin, se renouvellent sans interruption.
- **L'arrosage :** il doit être très régulier. Arrosez dès que le substrat est sec en surface, tous les 2 jours si nécessaire en période chaude, une à deux fois par semaine en hiver, de façon à maintenir le terreau légèrement humide en permanence, mais sans humidité stagnante.
- **Les apports d'engrais :** fertilisez tous les 15 jours de mai à octobre, avec un engrais pour plantes fleuries ou un engrais pour géraniums.

Quelles espèces et variétés choisir ?

Choisissez vos teintes préférées de feuillage et de fleurs parmi les nombreuses variétés proposées, généralement non nommées. Surtout utilisées comme plantes à massif, les *Impatiens walleriana* produisent des fleurs un peu plus petites, mais fleurissent aussi très longtemps dans la maison.

■ **Le rempotage :** il est rarement nécessaire, d'une part parce que cette plante fleurit mieux un peu à l'étroit dans son pot, d'autre part car il est préférable de la renouveler par bouturage tous les ans ou tous les 2 ans. Empotez les boutures dans un terreau pour plantes fleuries ou pour géraniums.

■ **La multiplication :** ces plantes se multiplient très facilement au printemps ou en été, par bouturage de jeunes pousses dans l'eau, ce qui permet de renouveler régulièrement les potées qui deviennent rapidement moins florifères.

■ **Les petits soins :** pincez les tiges des jeunes sujets pour les inciter à se ramifier. Supprimez régulièrement fleurs fanées et feuilles jaunies pour que la plante garde un bel aspect.

LES PROBLÈMES À SURVEILLER

Faites attention aux araignées rouges en atmosphère sèche, qui font jaunir le feuillage et affaiblissent la plante. Il vaut mieux augmenter l'humidité de l'air à titre préventif.

Les bonnes associations
Groupez plusieurs variétés aux teintes en harmonie ou contrastées, dans une grande jardinière, pour un effet très fleuri.

facile

assez copieux

vive tamisée

12-22 °C

Janv.	Janv.
Fév.	Fév.
Mars	Mars
Avril	Avril
Mai	Mai
Juin	Juin
Juil.	Juil.
Août	Août
Sept.	Sept.
Oct.	Oct.
Nov.	Nov.
Déc.	Déc.

■ Rempotage
■ Floraison

Jasmin, jasmin blanc

Parfois aussi appelée jasmin rose, cette ravissante plante grimpante ne peut cependant survivre en intérieur que si vous disposez d'une serre ou d'une véranda où la garder hors période de floraison. Les feuilles divisées en fines folioles vert foncé mettent bien en valeur la floraison blanche en grappes légères et si odorantes en fin d'hiver et début de printemps.

- **L'emplacement :** il faut au jasmin beaucoup de lumière en toute saison, et même le plein soleil en hiver (mais pas en été) et une température fraîche (10 à 15 °C si possible) de l'automne au printemps ; vous pourrez cependant le rentrer dans le salon pour la durée de la floraison.
- **La floraison :** les grappes de fines fleurs étoilées, roses en bouton puis blanches à l'épanouissement, très parfumées, apparaissent en fin d'hiver ou début de printemps, durant 2 à 4 semaines.
- **L'arrosage :** arrosez environ deux fois par semaine au printemps et en été, pas plus d'une fois par semaine en automne et en hiver, tous les 8 à 10 jours en situation fraîche, avec une eau douce, à température ambiante. Laissez toujours le terreau sécher sur 2 à 3 cm entre deux apports d'eau.
- **Les apports d'engrais :** fertilisez tous les 15 jours de février-mars à septembre, avec un engrais liquide pour plantes fleuries.

LE CONSEIL RUSTICA

Après la floraison, pratiquez une taille légère de nettoyage : supprimez les pousses en surnombre ou mal placées, raccourcissez les tiges trop longues et rectifiez le palissage si nécessaire.

ATTENTION TOXIQUE

Le jasmin renferme des alcaloïdes qui peuvent être toxiques pour les petits animaux domestiques.

Quelles espèces choisir ?

Jasminum officinale, à floraison blanche et très parfumée en été, est parfois aussi proposé en pot, mais cette espèce est plus une plante de jardin que de serre ou de véranda.

- **Le rempotage :** il doit avoir lieu chaque année après la floraison pour les jeunes sujets, puis tous les 2 ans, dans un mélange composé en parts égales de terreau de rempotage et de terre légère de jardin, non calcaire.
- **Les petits soins :** vaporisez quotidiennement le feuillage en été pour entretenir une humidité de l'air assez élevée. Palissez régulièrement les tiges sur un arceau ou un treillage.

LES PROBLÈMES À SURVEILLER

Il convient de surveiller les attaques de pucerons au printemps et de les déloger sans attendre, en les écrasant entre les doigts à l'extrémité des pousses ou en pinçant celles-ci.

Les bonnes associations
Associez le jasmin avec des agrumes et un cyclamen dans la véranda, ou avec de petites plantes vertes qui mettront en valeur sa floraison blanche et parfumée.

difficile

modéré

vive sans soleil direct

5-22 °C

Rempotage	Floraison
Janv.	Janv.
Fév.	Fév. (floraison)
Mars	Mars (floraison)
Avril (rempotage)	Avril (floraison)
Mai	Mai
Juin	Juin
Juil.	Juil.
Août	Août
Sept.	Sept.
Oct.	Oct.
Nov.	Nov.
Déc.	Déc.

Rempotage
Floraison

Jasmin de Madagascar, stéphanotis

LE CONSEIL RUSTICA

Évitez les chutes brutales de température et les courants d'air froids, qui peuvent causer la chute des boutons floraux. Ne déplacez plus le pot une fois les boutons formés, pour la même raison.

ATTENTION TOXIQUE

La sève du jasmin de Madagascar est toxique, aussi tenez à distance les jeunes enfants et les animaux domestiques.

Native de Madagascar, cette grimpante aux tiges volubiles est très prisée pour sa somptueuse floraison en grappes de fleurs tubulées, cireuses, blanc pur, au parfum suave. Le feuillage vert foncé, coriace et vernissé met bien la floraison en valeur, mais cette plante est difficile à conserver si vous ne disposez pas d'une serre ou d'une véranda pour lui offrir l'espace dont elle a besoin pour sa croissance, la lumière et la fraîcheur indispensables en hiver.

- **L'emplacement :** beaucoup de lumière vive toute l'année, en évitant en été le plein soleil derrière une vitre (mais un séjour à l'extérieur est possible et bénéfique), une température douce et constante du printemps à l'automne, tels sont les besoins du jasmin de Madagascar pour fleurir longtemps. C'est cependant dans une serre ou une véranda, où il pourra passer l'hiver au frais, qu'il sera le plus durable et pourra refleurir. Il ne survit pas longtemps dans l'air chaud et sec d'un appartement.
- **La floraison :** elle commence en avril-mai et peut se poursuivre jusqu'en automne dans de bonnes conditions de culture. Le parfum puissant des fleurs est perceptible dans toute la pièce, aussi évitez de mélanger les parfums et d'installer plusieurs floraisons odorantes dans le même lieu.
- **L'arrosage :** du printemps à l'automne, arrosez jusqu'à deux fois par semaine, de façon à maintenir le terreau légèrement humide. Laissez cependant le substrat sécher en surface avant d'arroser de nouveau et utilisez de préférence une eau douce. Réduisez les apports d'eau de novembre à février (tous les

10 jours environ), pour favoriser la floraison de la saison suivante.

- **Les apports d'engrais :** d'avril à septembre, fertilisez tous les 15 jours avec un engrais liquide pour plantes fleuries, ou une fois par mois avec un engrais pour arbustes à fleurs.
- **Le rempotage :** intervenez chaque année en début de printemps, en choisissant un pot assez grand. Vous pouvez utiliser un mélange composé à parts égales de terreau de rempotage et de terre de bruyère.
- **Les petits soins :** en fin d'automne ou en fin d'hiver, raccourcissez si nécessaire les tiges trop longues. Rabattez les jeunes pousses d'au moins la moitié de leur longueur pour stimuler la ramification. En situation chaude, bassinez le feuillage une ou deux fois par semaine, en veillant à ne pas mouiller les fleurs et en utilisant une eau douce.

LES PROBLÈMES À SURVEILLER

Faites attention aux cochenilles à bouclier, qui peuvent envahir les tiges et le revers des feuilles, et aux araignées rouges en atmosphère chaude et sèche.

Les bonnes associations

Des feuillages généreux, tels ceux des philodendron grimpant, zamioculca, asparagus, chlorophytum, mettront bien la floraison blanche en valeur.

difficile

modéré

vive sans soleil direct

10-25 °C

Janv.	Janv.
Fév.	Fév.
Mars	Mars
Avril	Avril
Mai	Mai
Juin	Juin
Juil.	Juil.
Août	Août
Sept.	Sept.
Oct.	Oct.
Nov.	Nov.
Déc.	Déc.

Rempotage
Floraison
Repos

Lierre

Plante de culture facile s'il en est, à utiliser en guirlandes retombantes ou à palisser sur un arceau, une petite sphère ou un treillage, le lierre se décline dans la maison en variétés à petites feuilles, souvent panachées ou finement découpées, qui embelliront toutes les pièces.

LE CONSEIL RUSTICA

Évitez en hiver les situations trop chaudes, car le feuillage risque de sécher. Si la température dépasse 20 °C, posez le pot sur un lit de billes d'argile humides pour augmenter l'humidité de l'air.

ATTENTION TOXIQUE

Les feuilles peuvent provoquer des troubles graves en cas d'ingestion, parfois aussi des réactions cutanées allergiques par contact.

- **L'emplacement :** si les variétés à feuillage uni acceptent d'être reléguées dans les coins sombres, les sujets à feuillage panaché demandent plus de lumière, sans toutefois supporter le plein soleil. Côté température, le lierre est parfaitement adaptable, se plaisant dans une véranda pas ou peu chauffée comme dans le salon ou la cuisine.
- **L'arrosage :** arrosez modérément, en laissant toujours le terreau sécher sur quelques centimètres entre deux apports d'eau, soit une à deux fois par semaine du printemps au début de l'automne, pas plus d'une fois par semaine en hiver, selon la température.
- **Les apports d'engrais :** apportez un engrais liquide pour plantes vertes toutes les 3 semaines d'avril à septembre.
- **Le rempotage :** il doit avoir lieu tous les ans ou tous les 2 ans en début de printemps, dans un bon terreau de rempotage, éventuellement enrichi d'un peu de terre de jardin légère.
- **La multiplication :** l'opération est très facile, par bouturage des extrémités de tige dans l'eau, au printemps ou en été. Groupez plusieurs boutures dans un pot large pour obtenir rapidement une potée bien fournie.

Quelles variétés choisir ?

Le choix est vaste, mais préférez pour la culture en intérieur les formes à petites feuilles, panachées ou non, comme 'Caecilia' dont les feuilles à 5 lobes sont panachées de crème, 'Kolibri', vert panaché de blanc, à lobe central large, ou 'Sagittifolia', à feuilles vert foncé finement découpées.

facile

modéré

vive tamisée

5-25 °C

- **Les petits soins :** raccourcissez les tiges trop longues aussi souvent que nécessaire, de préférence au printemps ou en été. Dans une pièce chaude, bassinez le feuillage une à deux fois par semaine pour l'humidifier.

- **Une plante dépolluante :** réellement efficace pour absorber le formaldéhyde, un polluant très présent dans nos intérieurs, le lierre mérite une petite place dans la cuisine, la salle de bains ou encore les chambres.

LES PROBLÈMES À SURVEILLER

Les araignées rouges peuvent se manifester en atmosphère sèche, les pucerons en fin d'hiver et au printemps.

Les bonnes associations

Toutes sortes de plantes peuvent lui être associées, tant le lierre est sociable. Mariez-le avec de petits cyclamens ou des floraisons saisonnières, utilisez-le en couvre-sol pour habiller le pied d'un « arbre » d'intérieur tel que le scheffléra ou le tilleul d'appartement, ou encore avec de petites plantes vertes aux feuillages contrastés.

Janv.	Janv.
Fév.	Fév.
Mars	Mars
Avril	Avril
Mai	Mai
Juin	Juin
Juil.	Juil.
Août	Août
Sept.	Sept.
Oct.	Oct.
Nov.	Nov.
Déc.	Déc.

Rempotage

Maranta, dormeuse, plante-qui-prie

Cette plante originaire des forêts tropicales sud-américaines doit son nom de dormeuse ou plante-qui-prie au changement nocturne de position des feuilles, qui se redressent et se referment. Celles-ci présentent un limbe ovale, aux nervures marquées, panaché de différents tons de vert à brun. Ces beaux sujets demandent chaleur et hygrométrie élevées et se plaisent donc dans la salle de bains.

- **L'emplacement :** lumière tamisée ou mi-ombre suffisent à ces plantes qui poussent dans leur habitat naturel sous le couvert des arbres. Assurez-leur en revanche une bonne chaleur (18 à 22 °C) toute l'année et une humidité de l'air élevée, par exemple en groupant plusieurs sujets sur un plateau garni de billes d'argile trempant dans un peu d'eau.
- **La floraison :** de petits épis blancs assez insignifiants apparaissent parfois au printemps ou en été, mais la floraison est rare en intérieur.
- **L'arrosage :** au printemps et en été, maintenez en permanence le terreau légèrement humide en arrosant deux fois par semaine au moins, avec une eau

LE CONSEIL RUSTICA

Des feuilles qui s'enroulent sur elles-mêmes dans la journée indiquent soit une humidité de l'air insuffisante, soit un terreau trop sec.

ATTENTION TOXIQUE

Par précaution, préférez garder le maranta hors de portée des jeunes enfants et des animaux domestiques.

Quelles espèces et variétés choisir ?

L'espèce la plus courante est *Maranta leuconeura*, en particulier ses variétés 'Erythroneura', à texture veloutée, vert sombre, nervures rouges et marques jaune-vert autour de la nervure centrale, et 'Kerchoveana', vert clair à larges taches brunes.

à température ambiante, non calcaire. En automne et en hiver, espacez les apports d'eau (environ une fois par semaine) pour permettre au terreau de sécher sur 2 cm.

- **Les apports d'engrais :** fertilisez tous les 15 jours d'avril à septembre, avec un engrais liquide pour plantes vertes.
- **Le rempotage :** intervenez chaque année au printemps pour les jeunes plantes, puis tous les 2 ou 3 ans, en choisissant une coupe assez large. Utilisez un mélange composé de deux tiers de terreau de rempotage et d'un tiers de terre de bruyère ou de terreau de feuilles.
- **La multiplication :** les touffes bien développées peuvent toujours être divisées au printemps.
- **Les petits soins :** supprimez les feuilles sèches et raccourcissez les tiges étalées si elles se dégarnissent progressivement.
- **Une plante dépolluante :** cette plante a la capacité d'absorber le formaldéhyde, bien qu'en faible quantité.

LES PROBLÈMES À SURVEILLER

Les araignées rouges se manifestent souvent si l'humidité de l'air est insuffisante. Bassinez régulièrement le revers des feuilles à titre préventif.

Les bonnes associations

Faites voisiner votre maranta avec d'autres feuillages exotiques et colorés comme ceux des calathéa, pothos et hypoestes pour évoquer une petite jungle tropicale.

moyenne

assez copieux

vive tamisée, ou mi-ombre

15-24 °C

Janv.	Janv.
Fév.	Fév.
Mars	Mars
Avril	Avril
Mai	Mai
Juin	Juin
Juil.	Juil.
Août	Août
Sept.	Sept.
Oct.	Oct.
Nov.	Nov.
Déc.	Déc.

Rempotage

Médinilla

Petit arbuste à port dressé, le médinilla pousse à l'état naturel en épiphyte, c'est-à-dire sur les arbres, dans les forêts tropicales humides des Philippines. Inutile de préciser qu'il demande chaleur et hygrométrie élevée pour prospérer en intérieur, ce qui impose de posséder une serre ou une véranda pour le conserver plusieurs années. Sa floraison printanière est éblouissante et son feuillage vernissé décoratif toute l'année.

LE CONSEIL RUSTICA

Veillez à assurer chaleur, humidité et pleine lumière (mais sans soleil direct entre 10 h et 16 h) tout l'été, sans quoi la plante risque fort de ne pas refleurir au printemps suivant.

- **L'emplacement :** cette plante superbe peut être installée dans le salon le temps de la floraison si vous prenez soin d'entretenir une humidité de l'air élevée. À cette fin, posez le pot sur un lit de gravillons trempant dans un peu d'eau et procédez à des vaporisations quotidiennes du feuillage. Une serre ou une véranda chauffée est ensuite indispensable pour assurer l'ambiance chaude et humide dont elle a besoin, ainsi qu'une lumière vive.

- **La floraison :** elle peut s'échelonner sur 3 ou 4 mois si les conditions d'environnement sont favorables. La plante produit des grappes pendantes de petites fleurs rose vif à rouge corail, à étamines jaunes, rehaussées par de grandes bractées roses.

- **L'arrosage :** utilisez toujours une eau douce et à température ambiante. Vous pouvez arroser environ deux fois par semaine au printemps et jusqu'à la fin de la floraison, pour maintenir le terreau légèrement humide. Réduisez ensuite les arrosages à un par semaine, jusqu'à la formation des boutons floraux au printemps suivant.

- **Les apports d'engrais :** d'avril à septembre, fertilisez tous les 15 jours avec un engrais pour plantes fleuries, ou bien une fois par mois avec un engrais pour arbustes à fleurs (de type rosiers).

- **Le rempotage :** il doit avoir lieu tous les 2 ou 3 ans en fin d'hiver, dans un pot large et profond. Il convient d'utiliser un mélange composé d'un tiers de terreau pour orchidées, d'un tiers de terre de bruyère et d'un tiers de terreau de rempotage ordinaire.

difficile

assez copieux

vive sans soleil direct

15-25 °C

■ **Les petits soins :** en fin de floraison, supprimez les inflorescences fanées, puis raccourcissez les tiges si nécessaire pour équilibrer la silhouette.

LES PROBLÈMES À SURVEILLER

Les cochenilles peuvent envahir le revers des feuilles et affaiblir la plante. Les araignées rouges sont à redouter en cas d'hygrométrie insuffisante.

Les bonnes associations
Sous serre, pensez aux autres plantes tropicales imposantes comme l'alocasia, le monstéra ou le philodendron, pour une ambiance de jungle.

Janv.	Janv.
Fév.	Fév.
Mars	Mars
Avril	Avril
Mai	Mai
Juin	Juin
Juil.	Juil.
Août	Août
Sept.	Sept.
Oct.	Oct.
Nov.	Nov.
Déc.	Déc.

Rempotage
Floraison
Repos

Misère

Comme leur nom l'indique, ces plantes à port retombant, originaires d'Amérique centrale et du Sud, survivent aux pires négligences – manque de lumière, oublis d'arrosage et absence d'engrais –, mais c'est bien soignées qu'elles prennent toute leur valeur décorative en guirlandes de feuilles ovales, généralement striées ou rayées de blanc, crème, vert pâle, rose à pourpre.

LE CONSEIL RUSTICA

Une misère panachée qui produit de plus en plus de pousses entièrement vertes souffre sans doute d'un manque de lumière ou d'engrais. Corrigez les erreurs de culture, supprimez les pousses vertes et elle retrouvera ses couleurs.

ATTENTION TOXIQUE

Certaines misères peuvent présenter une toxicité faible en cas d'ingestion. Aussi tenez-les à distance des jeunes enfants et des animaux domestiques.

- **L'emplacement :** les formes très panachées demandent beaucoup de lumière, mais ne doivent jamais recevoir le soleil direct en milieu de journée. Les formes vertes ou peu panachées se contentent de la mi-ombre, tout en préférant elles aussi une lumière vive. Côté température et humidité de l'air, les misères sont très adaptables et se plaisent dans une chambre ou une entrée peu chauffée, comme dans le salon ou la salle de bains. Ne les placez pas à proximité d'un passage, car leurs tiges cassent facilement.
- **La floraison :** rares en intérieur, de petites fleurs éphémères à trois pétales peuvent apparaître en été.
- **L'arrosage :** il doit être modéré et régulier, en fonction de la température. Laissez toujours le terreau sécher sur 2 à 3 cm entre deux apports d'eau, soit un arrosage deux ou trois fois par semaine au plus chaud de l'été, pas plus d'une fois par semaine en hiver, tous les 10 jours en atmosphère fraîche.
- **Les apports d'engrais :** fertilisez toutes les 3 semaines de mars à septembre, avec un engrais liquide pour plantes vertes.

Quelles espèces et variétés choisir ?

Tradescantia pallida ou *Setcreasea pallida*, la misère pourpre, se distingue par des feuilles charnues, teintées de pourpre, qui apprécient une lumière vive et même le soleil. Recherchez aussi les variétés colorées de la misère la plus courante, *T. fluminensis*, par exemple panachées de rose, crème et blanc pour 'Quadricolor', de jaune-crème pour 'Aurea'.

- **Le rempotage :** intervenez tous les ans ou tous les 2 ans au printemps ou en début d'été, quand la plante est à l'étroit dans son pot, en choisissant un bon terreau de rempotage. Renouvelez par bouturage les plantes qui se dégarnissent au fil du temps.

- **La multiplication :** le bouturage (dans l'eau) d'extrémités de pousses, de préférence au printemps ou en début d'été, est très facile à réaliser. Vous pouvez grouper plusieurs boutures racinées dans une coupe large pour obtenir une belle potée au feuillage fourni en quelques mois à peine.
- **Les petits soins :** pincez régulièrement les pousses pour les inciter à se ramifier et n'hésitez pas à rabattre presque à la base en fin d'hiver les tiges qui se sont dégarnies.

LES PROBLÈMES À SURVEILLER

Faites attention aux attaques d'araignées rouges en atmosphère chaude et sèche, qui passent inaperçues jusqu'à ce que le feuillage ternisse et se décolore.

Les bonnes associations

Les misères peuvent être associées à d'autres plantes retombantes, comme le cissus ou le chlorophytum, mais aussi habiller joliment le pied d'un petit « arbre » d'intérieur, grand ficus ou palmier, par exemple.

facile

modéré

vive sans soleil direct

10-25 °C

Janv.	Janv.
Fév.	Fév.
Mars	Mars
Avril	Avril
Mai	Mai
Juin	Juin
Juil.	Juil.
Août	Août
Sept.	Sept.
Oct.	Oct.
Nov.	Nov.
Déc.	Déc.

Rempotage (Mars, Avril, Mai, Juin)

Monstéra, philo

Grimpante des forêts tropicales humides d'Amérique centrale, le monstéra s'adapte remarquablement dans nos intérieurs et y devient une plante imposante, atteignant souvent plusieurs mètres de hauteur, avec de très grandes feuilles vernissées, découpées et perforées. Prévoyez un solide tuteur garni de mousse pour soutenir les tiges.

LE CONSEIL RUSTICA

Les grands sujets de monstéra deviennent très difficiles à déplacer et à rempoter. Préférez alors procéder au printemps à un surfaçage, qui consiste à renouveler la couche superficielle de terreau sur 4 à 6 cm d'épaisseur.

ATTENTION TOXIQUE

Contenant des oxalates toxiques, le monstéra doit être tenu hors de portée des jeunes enfants et des animaux domestiques.

- **L'emplacement :** l'idéal est une situation assez chaude (18 à 22 °C), avec une humidité de l'air élevée et beaucoup de lumière vive sans soleil direct. Le monstéra supporte cependant bien une moindre hygrométrie (mais humidifiez le tuteur de mousse et bassinez le feuillage de temps à autre) et la mi-ombre. En situation peu lumineuse, les feuilles sont plus petites et moins découpées.
- **La floraison :** les sujets parvenus à maturité forment parfois des inflorescences d'arum blanc-crème, en été le plus souvent.
- **L'arrosage :** il doit être modéré, pour éviter toute humidité stagnante. Arrosez une à deux fois par semaine au plus chaud de l'été, tous les 10 jours en hiver dans une pièce un peu fraîche (16 à 18 °C).
- **Les apports d'engrais :** apportez un engrais liquide pour plantes vertes tous les 15 jours d'avril à septembre.
- **Le rempotage :** il doit avoir lieu tous les ans au printemps pour les jeunes plantes, puis tous les 2 ou 3 ans, dans un bon terreau de rempotage, éventuellement enrichi d'un quart de compost tamisé ou de terreau de feuilles.
- **La multiplication :** opérez au printemps, par marcottage aérien ou, plus simplement, par bouturage d'extrémité de tige dans l'eau.

Quelles variétés choisir ?

'Variegata' est une forme panachée de monstéra, moins courante et moins vigoureuse que l'espèce type, à feuilles irrégulièrement marbrées de blanc-crème.

- **Les petits soins :** nettoyez régulièrement les grandes feuilles en les essuyant avec un chiffon humide ou en les exposant à une douche fine et tiède. Taillez cette grande plante s'il faut limiter son développement, de préférence au printemps.
- **Une plante dépolluante :** comme les philodendrons proches, le monstéra est une plante très bénéfique pour nos intérieurs, car il rejette de l'oxygène et surtout de la vapeur d'eau qui augmente l'humidité de l'air.

facile

modéré

vive sans soleil direct

12-22 °C

LES PROBLÈMES À SURVEILLER

Les cochenilles peuvent envahir le revers des feuilles, surtout en atmosphère sèche et un peu sombre, en fin d'hiver. Délogez-les avec un coton-tige imbibé d'alcool dénaturé.

Janv.	Janv.
Fév.	Fév.
Mars ■	Mars
Avril ■	Avril
Mai ■	Mai
Juin	Juin
Juil.	Juil.
Août	Août
Sept.	Sept.
Oct.	Oct.
Nov.	Nov.
Déc.	Déc.

■ Rempotage

Les bonnes associations

Pensez aux floraisons exotiques comme celles des spathiphyllums, anthuriums, curcumas, ou à d'autres feuillages luxuriants et contrastés – pothos, cocotiers, *Ficus lyrata*, par exemple. Si vous avez suffisamment de place pour recréer une jungle tropicale !

Nertéra, baie-de-corail

Poussant dans les prairies fraîches et humides d'Australie, de Nouvelle-Zélande et d'Amérique centrale, cette petite plante tapissante, appréciée pour sa longue fructification en perles orangées, craint les atmosphères chaudes et sèches. Il est donc difficile de la conserver dans la maison, mais elle compose un décor éphémère très séduisant.

- **L'emplacement :** choisissez pour cette plante un endroit lumineux, mais qui ne soit pas exposé au soleil direct entre 10 h et 17 h, et relativement frais, de l'ordre de 15 à 18 °C autant que possible.
- **La floraison :** elle a lieu au printemps, en petites fleurs blanchâtres insignifiantes, donnant en été de petites baies brillantes très colorées, orangées, avec des variantes jaunes ou rose orangé. En situation fraîche, celles-ci persistent presque jusqu'à Noël.
- **L'arrosage :** il est délicat, car il faut éviter toute irrégularité et ne jamais mouiller le feuillage ni les baies. Utilisez une eau douce et à température ambiante, versez-la dans la soucoupe et videz celle-ci un quart d'heure plus tard. Comptez deux arrosages par semaine du printemps au début de l'automne, puis un par semaine, mais laissez toujours le terreau sécher en surface entre deux apports d'eau.
- **Les apports d'engrais :** d'avril à septembre, fertilisez toutes les 3 semaines avec un engrais liquide pour plantes fleuries, dilué de moitié.
- **Le rempotage :** intervenez au printemps si vous conservez la plante, en utilisant un terreau léger, additionné d'un quart de sable grossier.

LE CONSEIL RUSTICA

Les feuilles minuscules s'affaissent aussi bien en cas de terreau trop sec que de terreau trop humide. Avant de prendre l'arrosoir, vérifiez l'état du substrat pour éviter un remède pire que le mal.

UNE DÉCLINAISON DE COULEURS

Vous trouverez des formes à baies jaunes, orangées ou rose orangé.

moyenne

modéré

vive tamisée

8-20 °C

- **La multiplication :** la division des touffes est possible au printemps.
- **Les petits soins :** si la température de la pièce dépasse 18 °C, posez le pot sur un lit de billes d'argile trempant dans un peu d'eau pour augmenter l'humidité de l'air et prolonger ainsi la fructification.

LES PROBLÈMES À SURVEILLER

Cette petite plante est très sensible aux excès d'arrosage, qui se traduisent rapidement par la pourriture et le noircissement des tiges et des feuilles.

Les bonnes associations

Associez cette plante à d'autres « miniatures » comme le figuier rampant ou un petit lierre à feuillage panaché, mais aussi tout simplement à d'autres nertéras, en alignement sur un appui de fenêtre ou en groupant quelques pots sur un plateau.

Janv.	Janv.
Fév.	Fév.
Mars	Mars
Avril	Avril
Mai	Mai
Juin	Juin
Juil.	Juil.
Août	Août
Sept.	Sept.
Oct.	Oct.
Nov.	Nov.
Déc.	Déc.

Rempotage
Floraison
Fructification

Pachira, châtaignier de Guyane

LE CONSEIL RUSTICA

Des feuilles qui jaunissent et tombent en nombre indiquent généralement un excès d'humidité du terreau, tandis que des feuilles dont les bords brunissent et sèchent souffrent d'un air trop sec.

Dans son habitat naturel des zones marécageuses d'Amérique centrale tropicale, le pachira est un arbre qui peut atteindre près de 20 m de hauteur. En intérieur, il dépasse rarement 2 m, mais développe une belle silhouette, avec un ou plusieurs « troncs » fins et de grandes feuilles vernissées découpées en folioles oblongues. Les sujets proposés sous forme de tiges tressées à la base sont particulièrement élégants.

- **L'emplacement :** beaucoup de lumière, mais pas de soleil direct en plein été, dans une pièce normalement chauffée, voilà qui convient bien au pachira, à condition d'assurer une humidité de l'air élevée en posant le pot sur un lit de billes d'argile humides et en bassinant fréquemment le feuillage avec une eau douce. Il se plaît bien sûr aussi sous serre ou en véranda chauffée.

- **La floraison :** blanche et parfumée, elle ne se produit malheureusement pas en intérieur.

- **L'arrosage :** il doit être modéré bien que cette plante pousse dans un habitat naturel marécageux. Au printemps et en été, maintenez le terreau légèrement humide en arrosant une à deux fois par semaine. En hiver, surtout en ambiance fraîche, un arrosage tous les 8 à 10 jours suffit généralement ; laissez le terreau sécher sur quelques centimètres avant tout nouvel apport d'eau.

- **Les apports d'engrais :** fertilisez tous les 15 jours d'avril à septembre, avec un engrais liquide pour plantes vertes.
- **Le rempotage :** il doit avoir lieu chaque année au printemps pour les jeunes sujets, puis tous les 2 ou 3 ans, dans un bon terreau de rempotage pour plantes vertes, éventuellement enrichi d'un peu de compost ou de terreau de feuilles. Pour les grandes plantes difficiles à manipuler, remplacez le rempotage par un surfaçage printanier annuel, de façon à renouveler la couche superficielle de terreau.
- **Les petits soins :** taillez si nécessaire en fin d'hiver ou début de printemps pour équilibrer la silhouette. Raccourcissez les tiges trop longues, supprimez les pousses mal placées ou dégarnies. Une taille sévère est même possible pour rajeunir une vieille plante négligée.

LES PROBLÈMES À SURVEILLER

Les araignées rouges peuvent envahir le feuillage si l'air est trop chaud et sec. À titre préventif, entretenez une hygrométrie élevée et bassinez la face inférieure des feuilles pour y déloger ces acariens microscopiques.

Les bonnes associations

Entourez le pied du pachira de plantes basses à feuillage décoratif qui mettront en valeur ses tiges tressées tout en contribuant à créer un microclimat humide : figuier rampant, néphrolépis, piléa, misère, asparagus... Le pachira peut aussi trouver sa place dans un petit groupe de grands sujets d'intérieur, avec un palmier et un ficus, par exemple.

moyenne

modéré

vive sans soleil direct

15-25 °C

Janv.	Janv.
Fév.	Fév.
Mars	Mars
Avril	Avril
Mai	Mai
Juin	Juin
Juil.	Juil.
Août	Août
Sept.	Sept.
Oct.	Oct.
Nov.	Nov.
Déc.	Déc.

Rempotage

Palmiers

Présents dans les zones tropicales et subtropicales du globe, les palmiers sont bien sûr évocateurs d'exotisme sous nos climats tempérés et très appréciés dans nos intérieurs pour leur silhouette de petits arbres, leurs palmes élégantes et leur robustesse.

Une touche d'exotisme dans la maison

Pour jouer pleinement leur rôle décoratif et déployer leur feuillage luxuriant, les palmiers demandent dans la maison ou la véranda de l'espace, de l'air et de la lumière. Ils acceptent le plein soleil sauf en été et font de beaux sujets pour un salon très lumineux, derrière de grandes baies vitrées. Adaptables côté température, ils peuvent tout aussi bien passer l'hiver dans une véranda fraîche.

Une atmosphère assez humide

Des arrosages réguliers sont nécessaires en été, pour soutenir la croissance, tous les 2 jours en période très chaude. Un arrosage hebdomadaire suffit généralement en hiver, tous les 10 jours en cas d'hivernage au frais. Toutes les 2 à 3 semaines d'avril à septembre, il est nécessaire d'apporter un engrais liquide pour plantes vertes.

Les palmiers demandent par ailleurs une hygrométrie assez élevée, pour éviter que la pointe des feuilles ne sèche et pour prévenir les attaques d'araignées rouges, fréquentes en air sec. Posez le pot sur un lit de billes d'argile trempant dans un peu d'eau et vaporisez fréquemment le feuillage quand la température dépasse 20 °C.

Terreau et rempotage

Les palmiers ont généralement un enracinement assez profond et demandent à être cultivés dans des pots ou bacs plus

hauts que larges (il existe des pots spécifiques appelés pots à palmiers). Pour ce qui est du mélange de culture, si un bon terreau de rempotage peut convenir, vos palmiers seront encore plus luxuriants si vous préparez un mélange composé d'un tiers de terreau, d'un tiers de sable grossier et d'un tiers de bonne terre de jardin non calcaire. Rempotez les jeunes sujets tous les ans ou tous les 2 ans. Par la suite, lorsque la manipulation devient difficile, vous pouvez opter pour un surfaçage au printemps, qui consiste à renouveler la couche superficielle de terreau sans blesser les racines.

Plantes dépolluantes

Les palmiers cultivés en intérieur sont précieux pour absorber certaines substances polluantes présentes dans les peintures, le mobilier ou les produits d'entretien de nos maisons. C'est le cas en particulier du kentia (benzène) et du palmier nain (formaldéhyde et ammoniac). Ils ont donc tout leur intérêt dans une salle de séjour, une chambre ou une salle de bains.

Cocotier

Cocos nucifera

Ce sont de jeunes sujets de cocotier que l'on trouve dans le commerce, issus de la noix à moitié enterrée dans le pot. Ce palmier est plus éphémère en intérieur que les autres espèces, mais il n'en est pas moins décoratif par ses feuilles plissées très graphiques. En atmosphère chaude, arrosez souvent et vaporisez quotidiennement le feuillage.

LE CONSEIL RUSTICA

Évitez de mouiller la noix de coco, surtout en hiver, lorsque vous arrosez, pour limiter les risques de pourriture.

moyenne

assez copieux

plein soleil

15-25 °C

Kentia

Howea forsteriana

Ce palmier robuste, à croissance lente, peut finir par atteindre 2 m de hauteur en intérieur. On trouve souvent plusieurs jeunes sujets groupés dans le même pot, aux grandes feuilles souples vert foncé découpées en fines folioles effilées. Cette espèce supporte l'air sec, mais la pointe des feuilles a alors tendance à jaunir.

LE CONSEIL RUSTICA

En hiver, dépoussiérez le feuillage en douchant le kentia avec un jet doux dans la baignoire. En été, sortez-le sous une pluie fine qui lui fera le plus grand bien.

facile

assez copieux

vive sans soleil direct

12-25 °C

Palmier d'Arec, aréca

Chrysalidocarpus lutescens

facile

assez copieux

plein soleil

12-25 °C

Ce palmier est très élégant avec ses longues palmes arquées, divisées en nombreuses et fines folioles vert brillant. Il peut atteindre 2 m à 2,50 m de hauteur dans la maison. Il fleurit parfois en été en panicules jaunes. Maintenez une humidité de l'air assez élevée pour favoriser sa croissance et arrosez généreusement en été.

LE CONSEIL RUSTICA

Évitez au palmier d'Arec les courants d'air froids comme les chutes brutales de température en hiver.

Palmier nain

Chamaedorea elegans

Ce petit palmier, dépassant rarement 1 m de hauteur en pot, se développe en touffe de tiges fines portant des feuilles de 40 à 60 cm de long, composées de folioles lancéolées, effilées, vert moyen, et fleurit facilement, en grappes jaune orangé. Il est très accommodant, supportant une luminosité moyenne et une situation fraîche en hiver.

facile

modé

vive tam

12-25

LE CONSEIL RUSTICA

En atmosphère sèche, le palmier nain est souvent la proie des araignées rouges qui le font jaunir. Bassinez fréquemment le feuillage à titre préventif.

D'AUTRES PALMIERS POUR LA MAISON

Si vous aimez la silhouette élégante des palmiers, si vous disposez d'une serre ou véranda où ils pourront se déployer dans de bonnes conditions, essayez-vous à la culture de palmiers moins courants, non moins décoratifs mais un peu plus délicats. C'est le cas du superbe ***Caryota urens***, remarquable par ses feuilles découpées en folioles ondulées, en forme de queue de poisson, d'un beau vert lustré. Il demande à être cultivé dans un grand pot, avec des arrosages assez copieux et beaucoup d'espace. Parmi les dattiers, ***Phoenix roebelenii*** se prête assez bien à la culture en intérieur. Il forme avec le temps un tronc fin et déploie un feuillage finement divisé mais épineux (à placer donc loin de tout passage !). Il gagne à passer l'été dehors à mi-ombre. ***Rhapis excelsa*** est un autre bon choix pour la maison ou la véranda, un sujet très décoratif, au port en touffe, aux tiges minces couronnées de feuilles palmées, divisées en fines folioles vert foncé lustré. Il préfère être à l'étroit dans son pot. Évitez toute humidité excessive du terreau, qui peut causer la pourriture du collet. Délicat à conserver longtemps dans la maison, **le palmier éventail**, *Licuala grandis*, est cependant très séduisant par ses palmes disposées en éventail, finement plissées. Il demande une hygrométrie élevée.

Passiflore, fleur de la Passion

Vigoureuses plantes grimpantes d'Amérique tropicale, les passiflores s'adaptent aussi bien, pour certaines d'entre elles à la culture, en pot, dans la maison ou, mieux, dans la véranda ou la serre. Leurs longues tiges grêles (atteignant plusieurs mètres si elles ne sont pas taillées) portent de grandes feuilles vert foncé lustré, palmées et à lobes profonds dans le cas de la passiflore bleue, *Passiflora caerulea*. Mais c'est surtout pour leur longue floraison estivale que l'on apprécie ces plantes. Elles ne fructifient, en revanche, que très rarement en intérieur.

- **L'emplacement :** le plus possible de soleil et de lumière toute l'année, en évitant le soleil en été derrière une vitre, telle pourrait être la règle d'or pour la culture de cette grimpante. Si elle s'adapte dans la maison du printemps à l'automne, un repos hivernal au frais (8 à 10 °C si possible) et à la lumière est indispensable pour une nouvelle floraison. Au-delà de 18 °C à l'intérieur, posez le pot sur un lit de billes d'argile humides pour assurer une bonne hygrométrie autour de la plante.

- **La floraison :** elle commence en juin-juillet et peut se renouveler jusqu'en novembre ou décembre, si les conditions d'environnement sont favorables. Les grandes fleurs (dépassant souvent 8 à 10 cm de diamètre) présentent une

LE CONSEIL RUSTICA

Si vous le pouvez, sortez la passiflore pour l'été sur le balcon ou la terrasse, en situation ensoleillée et abritée du vent. Elle aura ainsi plus de chances de refleurir l'été suivant.

ATTENTION TOXIQUE

Si certaines se distinguent par des fruits comestibles, sachez que le feuillage des passiflores est légèrement toxique en cas d'ingestion. Tenez donc cette plante hors de portée des jeunes enfants.

Quelles espèces et variétés choisir ?

Passiflora caerulea, à pétales blancs et filaments bleu pourpré, est la passiflore qui s'adapte le mieux en intérieur, ainsi que sa variété 'Constance Elliott', à fleurs et filaments blancs. Une serre peut accueillir d'autres espèces, comme *P. coccinea* à fleurs rouges éclatantes.

structure complexe, composée de 8 à 10 pétales étalés et d'une couronne de filaments aux teintes contrastées. En situation chaude et ensoleillée, sur un balcon par exemple, elles donnent des fruits ovoïdes.

- **L'arrosage :** il doit être assez copieux du printemps à l'automne (deux ou trois apports d'eau par semaine), de façon à maintenir le terreau légèrement humide. Un arrosage tous les 8 à 10 jours suffit durant la période de repos hivernal au frais.
- **Les apports d'engrais :** fertilisez tous les 15 jours d'avril à août, avec un engrais pour plantes fleuries.
- **Le rempotage :** intervenez tous les ans pour les jeunes sujets, puis tous les 2 ou 3 ans, en utilisant un bon terreau de rempotage. Choisissez un contenant assez large pour suivre la croissance, mais pas trop grand, car la passiflore fleurit mieux lorsqu'elle se trouve un peu à l'étroit dans son pot.
- **Les petits soins :** palissez régulièrement les jeunes tiges vigoureuses pour couvrir le support, arceau ou treillage. En fin d'hiver, procédez à une taille sévère afin de maîtriser la croissance : rabattez les tiges à 30 ou 40 cm de la base pour les inciter à émettre de nouvelles pousses florifères, et supprimez si nécessaire quelques vieilles tiges en surnombre.

LES PROBLÈMES À SURVEILLER

Les passiflores sont souvent la proie des cochenilles et des araignées rouges en cas d'hivernage au chaud dans la maison.

difficile

assez copieux

vive sans soleil direct

5-25 °C

Janv.	Janv.
Fév.	Fév.
Mars	Mars
Avril	Avril
Mai	Mai
Juin	Juin
Juil.	Juil.
Août	Août
Sept.	Sept.
Oct.	Oct.
Nov.	Nov.
Déc.	Déc.

Rempotage
Floraison
Repos

Pentas

Sous-arbrisseau à port dressé et ramifié, originaire d'Afrique tropicale et d'Arabie, le pentas constitue une belle plante fleurie en pot, atteignant 60 cm de largeur et de hauteur. Les feuilles ovales, duveteuses et vert soutenu mettent bien en valeur la longue floraison, jusqu'en automne, en bouquets bombés de petites fleurs étoilées généralement roses, parfois blanches ou rouges. Pour garder cette plante et la faire refleurir, un hivernage au frais sous serre ou en véranda est indispensable.

LE CONSEIL RUSTICA

Une période de repos végétatif d'au moins 2 mois en hiver, en pleine lumière et à température fraîche (10 à 15 °C), est indispensable pour initier une nouvelle floraison. Un séjour sur la terrasse en été sera également très bénéfique.

- **L'emplacement :** offrez au pentas le plus possible de lumière toute l'année, en ne tamisant le soleil qu'aux heures chaudes en été, par exemple dans un salon très clair ou toute autre pièce bien exposée. L'idéal reste toutefois la véranda ou la serre, de façon à assurer aussi une bonne hygrométrie par de fréquentes vaporisations d'eau en été.
- **La floraison :** les inflorescences bombées, parfois plates, comptent près de 50 petites fleurs étoilées. Coupez régulièrement les bouquets fanés pour stimuler leur renouvellement.
- **L'arrosage :** arrosez une à deux fois par semaine du printemps à l'automne, de façon à maintenir le terreau légèrement humide mais sans excès ; puis tous les 10 à 15 jours, selon la température, en période de repos hivernal.
- **Les apports d'engrais :** d'avril à septembre, apportez tous les 15 jours un engrais liquide pour plantes fleuries.
- **Le rempotage :** il doit avoir lieu tous les ans ou tous les 2 ans en début de printemps, dans un bon terreau de rempotage.

Quelles variétés choisir ?

Outre l'espèce type, vous trouverez plusieurs variétés et hybrides offrant des nuances variées, comme 'Kermesina', à floraison rose foncé, 'New Look', rose pâle, ou plus rarement 'Avalanche', à fleurs blanches et feuillage panaché de crème.

- **La multiplication :** vous pouvez tenter le bouturage de jeunes pousses dans l'eau en début d'été. Groupez ensuite plusieurs boutures racinées par pot.

- **Les petits soins :** en fin d'hiver, rabattez toutes les tiges d'au moins la moitié de leur longueur pour stimuler une croissance buissonnante et compacte.
Dès que la température dépasse 18 °C dans la maison, posez le pot sur un lit de billes d'argile trempant dans un peu d'eau pour augmenter l'humidité de l'air.

LES PROBLÈMES À SURVEILLER

Pucerons et araignées rouges peuvent envahir le feuillage en situation chaude et sèche, surtout en fin d'hiver.

Les bonnes associations
De petites plantes vertes discrètes comme le piléa, le chlorophytum ou le lierre habilleront joliment la base du pentas.

moyenne

modéré

vive sans soleil direct

8-22 °C

Janv.	Janv.
Fév.	Fév.
Mars	Mars
Avril	Avril
Mai	Mai
Juin	Juin
Juil.	Juil.
Août	Août
Sept.	Sept.
Oct.	Oct.
Nov.	Nov.
Déc.	Déc.

Rempotage
Floraison
Repos

Pépéromia

Originaire des zones tropicales et subtropicales du globe, le genre *Peperomia* compte nombre de petites espèces vivaces qui s'adaptent bien en pot et font de remarquables plantes d'intérieur, offrant une palette très variée de feuillages, souvent gaufrés ou panachés, et des floraisons parfois décoratives, en fins épis blancs ou crème. Toutes supportent une faible luminosité et sont donc précieuses pour les pièces mal exposées, les décors de table ou les tables basses.

- **L'emplacement :** lumière vive tamisée ou mi-ombre conviennent aux pépéromias, dont le feuillage sèche ou se décolore sous l'effet d'une lumière trop violente. Ils s'adaptent à la température normale d'une pièce chauffée, mais il est bon de poser leur pot sur un lit de gravillons humides si la température atteint ou dépasse 20 °C.
- **La floraison :** elle peut avoir lieu en toute saison, mais s'épanouit surtout en fin d'été et début d'automne. Les fleurs minuscules forment généralement de fins épis dressés blancs, crème ou verdâtres.
- **L'arrosage :** il doit être modéré et suffisamment espacé pour permettre au terreau de sécher sur 2 à 3 cm au moins entre deux apports d'eau. Un arrosage par semaine suffit généralement du printemps à l'automne, un tous les 10 jours en hiver.
- **Les apports d'engrais :** fertilisez tous les 15 jours de mars à septembre, avec un engrais liquide pour plantes vertes, faiblement dosé.

QUELLES ESPÈCES ET VARIÉTÉS CHOISIR ?

Peperomia argyreia, aux feuilles en cœur soulignées d'argent, demande une hygrométrie élevée. *P. caperata*, parfois appelé canne d'aveugle, allie un feuillage sombre, très gaufré, et de fins épis crème, ses variétés offrant un feuillage panaché ou pourpré. *P. obtusifolia*, à feuilles charnues et cireuses, compte des formes panachées de blanc ou de jaune-crème.

LE CONSEIL RUSTICA

Pas de courants d'air ni d'humidité excessive (pas de vaporisations d'eau sur les feuillages gaufrés ou veloutés) pour ces plantes un peu délicates, qui n'apprécient pas non plus de sortir en été au jardin.

À SAVOIR

Les pépéromias à feuillage panaché demandent plus de lumière que les sujets à feuillage uni : offrez-leur une lumière vive, mais toujours tamisée en milieu de journée.

moyenne

modéré

mi-ombre, ou vive tamisée

12-22 °C

- **Le rempotage :** intervenez tous les ans ou tous les 2 ans en début de printemps, quand les racines sont à l'étroit dans le pot, en utilisant un terreau léger, par exemple composé de trois quarts de terreau de rempotage et un quart de perlite ou de sable grossier.
- **Les petits soins :** coupez les épis défleuris et supprimez les feuilles jaunies.

LES PROBLÈMES À SURVEILLER

Les pépéromias se montrent très sensibles à la pourriture du collet en conditions humides. Lors de l'arrosage, évitez de mouiller la base des tiges et des feuilles et ne laissez jamais l'eau en excès stagner dans la soucoupe.

Rempotage	Floraison
Janv.	Janv.
Fév.	Fév.
Mars	Mars
Avril	Avril
Mai	Mai
Juin	Juin
Juil.	Juil.
Août	Août
Sept.	Sept.
Oct.	Oct.
Nov.	Nov.
Déc.	Déc.

Rempotage
Floraison

Les bonnes associations

D'autres petites plantes vertes ou fleuries vous permettront de composer des scènes colorées à petite échelle : lierre panaché, fittonia, hypoestes, saintpaulia ou cyclamen, par exemple.

Phalaenopsis

Si ces plantes sont originaires d'Asie et d'Océanie, où elles vivent en épiphytes dans les arbres, ce sont surtout leurs hybrides, sélectionnés pour leur facilité de culture et leurs fleurs éblouissantes de longue durée, dans une multitude de teintes et de motifs, que l'on cultive dans la maison. Ce sont les orchidées les plus faciles à apprivoiser par les débutants.

LE CONSEIL RUSTICA

Lorsqu'une hampe a perdu toutes ses fleurs, ne la coupez pas à la base mais au-dessus du troisième nœud (léger renflement de la tige). Les nœuds inférieurs ont toute chance d'entrer en croissance et de porter de nouveaux boutons. Supprimez en revanche une hampe sèche ou ayant déjà fleuri deux ou trois fois.

- **L'emplacement :** les phalaenopsis se plaisent dans le salon, le bureau, les chambres ou la salle de bains, pourvu qu'ils y disposent d'un endroit très lumineux (tamisez le soleil de la mi-journée entre avril et septembre) et assez chaud ; une légère baisse de température nocturne (3 à 5 °C) favorisera par ailleurs la floraison. Il est important d'entretenir une bonne humidité autour du feuillage : posez le pot sur un lit de billes d'argile humides et vaporisez le feuillage en été.

- **La floraison :** les tiges florales apparaissent en toute saison à l'aisselle des feuilles et portent jusqu'à 10 à 12 fleurs évoquant des papillons. Une même hampe peut fleurir pendant plusieurs semaines, voire quelques mois, et un phalaenopsis enchaîner la floraison de plusieurs hampes pendant plus d'un an.

- **L'arrosage :** plus que la sécheresse, le phalaenopsis redoute les excès d'arrosage. À 18-22 °C, un apport d'eau hebdomadaire est suffisant, le matin de préférence. Augmentez la fréquence des arrosages lors des périodes chaudes estivales. Mouillez bien le mélange, puis laissez égoutter et éliminez au besoin l'eau en excès, les racines craignant l'humidité stagnante.

- **Les apports d'engrais :** apportez un engrais liquide pour orchidées, tous les 15 jours de mars à octobre, puis toutes les 3 à 4 semaines en hiver si la plante poursuit sa floraison.

- **Le rempotage :** il ne s'impose que tous les 2 à 4 ans, si la plante déborde franchement du pot, ou bien si le mélange de culture est dégradé ; utilisez un pot en plastique et un mélange spécial pour orchidées, très léger.

- **Les petits soins :** prévoyez de fins tuteurs pour soutenir les hampes lourdes. Dépoussiérez le feuillage de temps à autre avec un chiffon doux et humide.
- **Une plante dépolluante :** profitez sans compter de la floraison des phalaenopsis, car ces orchidées montrent une aptitude intéressante à absorber le formaldéhyde, un polluant présent notamment dans des produits isolants, des vernis, résines et peintures.

LES PROBLÈMES À SURVEILLER

Les cochenilles farineuses (blanchâtres) ou à bouclier (brunes) peuvent envahir les feuilles et le collet. Essayez de les déloger manuellement, car les orchidées supportent mal les traitements phytosanitaires.

Les bonnes associations

Plusieurs phalaenopsis composent une superbe collection, mais vous pouvez aussi les associer à de petites plantes vertes à feuillage retombant, comme les asparagus, lierre, fittonia ou figuier rampant, pour augmenter l'hygrométrie et mettre les fleurs en valeur.

facile

parcimonieux

vive sans soleil direct

15-25 °C

Janv.	Janv.
Fév.	Fév.
Mars	Mars
Avril	Avril
Mai	Mai
Juin	Juin
Juil.	Juil.
Août	Août
Sept.	Sept.
Oct.	Oct.
Nov.	Nov.
Déc.	Déc.

Rempotage
Floraison

Philodendron

Originaires des forêts tropicales d'Amérique centrale et du Sud, où ils poussent souvent en épiphytes dans les arbres, les philodendrons sont de vigoureuses plantes arbustives ou grimpantes qui s'adaptent bien à la culture dans nos intérieurs chauffés. Faites votre choix en fonction de la forme et de la teinte du feuillage, mais aussi de l'encombrement de ces plantes, parfois important.

LE CONSEIL RUSTICA

Un solide tuteur garni de mousse, que vous humidifierez régulièrement, est un support idéal pour faire grimper un philodendron.

ATTENTION TOXIQUE

Le philodendron peut se révéler irritant pour la peau et les muqueuses par contact, légèrement toxique en cas d'ingestion. Placez-le hors de portée des jeunes enfants et des animaux domestiques.

- **L'emplacement :** s'ils sont encore plus luxuriants dans une véranda bien chauffée, les philodendrons se plaisent dans de nombreuses pièces de la maison pourvu qu'ils y disposent d'assez d'espace, d'une lumière vive (sans soleil direct qui brûle les feuilles) et d'une température de 15 à 16 °C au moins. Certains, notamment le philodendron grimpant, peuvent s'accommoder aussi de la mi-ombre.
- **La floraison :** rare dans la maison, l'inflorescence, caractéristique de la famille des arums, est constituée d'une spathe entourant le spadice.
- **L'arrosage :** il doit être régulier toute l'année, mais modéré. Arrosez environ deux fois par semaine en plein été, une fois par semaine le reste de l'année, en veillant chaque fois à laisser sécher le terreau sur 2 à 3 cm. Utilisez de préférence une eau non calcaire, à température ambiante.
- **Les apports d'engrais :** fertilisez tous les 15 jours de mars à septembre, avec un engrais liquide pour plantes vertes.

Quelles espèces et variétés choisir ?

Le philodendron grimpant (*Philodendron scandens*), à feuilles en cœur relativement petites, vert vif lustré, trouve sa place un peu partout dans la maison. Les variétés de *P. erubescens*, comme 'Red Emerald' ou 'Burgundy', offrent de grandes feuilles teintées au revers de bronze ou de rouge sombre. *P. bipinnatifidum*, plus exigeant en chaleur et humidité, produit de très grandes feuilles découpées en lanières.

- **Le rempotage :** intervenez tous les ans pour les jeunes plantes, puis tous les 2 ans, au printemps, en choisissant un terreau léger et riche en matière organique, par exemple un terreau ordinaire enrichi d'un quart de compost et d'un quart de sable grossier ou de perlite. Surfacez les plus grands sujets, difficiles à rempoter.
- **La multiplication :** le bouturage dans l'eau ou le marcottage aérien sont tous les deux possibles au printemps.
- **Les petits soins :** dépoussiérez régulièrement les grandes feuilles avec un chiffon humide. Vaporisez souvent le feuillage en situation chaude et sèche. Si nécessaire, coupez une tige trop longue juste au-dessus d'une feuille.
- **Une plante dépolluante :** les philodendrons en général sont précieux pour augmenter l'humidité de l'air dans une pièce. Certains peuvent absorber le formaldéhyde, en particulier *Philodendron erubescens*.

LES PROBLÈMES À SURVEILLER

Des feuilles anormalement petites indiquent généralement un manque de lumière. Des feuilles qui jaunissent doivent vous inciter à vérifier l'humidité du terreau, sans doute excessive.

Les bonnes associations

Pensez aux feuillages contrastés, par exemple ceux des néphrolépis, misères, chlorophytums et alocasias, pour des scènes luxuriantes évocatrices des tropiques.

facile

modéré

vive tamisée

15-25 °C

Janv.	Janv.
Fév.	Fév.
Mars	Mars
Avril	Avril
Mai	Mai
Juin	Juin
Juil.	Juil.
Août	Août
Sept.	Sept.
Oct.	Oct.
Nov.	Nov.
Déc.	Déc.

Rempotage

Piléa

Cette petite plante à port étalé fait merveille dans les coins peu lumineux, c'est un véritable couvre-sol dans les grands bacs ou petites potées de feuillage coloré et décoratif facile à glisser dans une salle de bains, une cuisine ou une chambre.

LE CONSEIL RUSTICA

Au bout de 2 ou 3 ans, les tiges se dégarnissent et il est préférable de renouveler ces plantes par bouturage au printemps.

- **L'emplacement :** un emplacement à 1 ou 2 m d'une fenêtre recevant le soleil ou bien à proximité d'une ouverture au nord, dans toute pièce normalement chauffée, voilà qui suffit au piléa pour prospérer. Augmentez l'humidité de l'air si la température dépasse 18 à 20 °C, en posant le pot sur un lit de billes d'argile trempant dans un peu d'eau.
- **La floraison :** en été, de petits bouquets de fleurs insignifiantes apparaissent à l'aisselle des feuilles. Mieux vaut les supprimer, car ils se développent au détriment du feuillage.
- **L'arrosage :** il doit être modéré, mais régulier. Arrosez environ deux fois par semaine en été, une fois par semaine le reste de l'année, en laissant toujours le terreau sécher sur quelques centimètres entre deux apports d'eau.
- **Les apports d'engrais :** fertilisez toutes les 2 ou 3 semaines d'avril à septembre, avec un engrais liquide pour plantes vertes, faiblement dosé.
- **Le rempotage :** intervenez tous les ans ou tous les 2 ans au printemps, en choisissant un pot large et un bon terreau de rempotage.

Quelles espèces et variétés choisir ?

L'espèce la plus courante, la plus robuste aussi, est *Pilea cadierei*, appelée plante aluminium en raison de l'aspect de son feuillage gaufré, marbré d'argent, mais recherchez aussi *P. spruceana* (syn. *P. involucrata*) 'Moon Valley', aux feuilles très gaufrées, vert bronze, à nervures presque noires. D'autres piléas peu courants offrent des feuillages originaux, toujours avec un port étalé.

- **La multiplication :** le bouturage, dans l'eau ou dans un terreau sableux, est très facile au printemps ou en été. Vous pouvez ainsi grouper plusieurs boutures par pot pour obtenir rapidement des potées bien fournies.
- **Les petits soins :** en ambiance fraîche, ne mouillez pas les feuillages très gaufrés. En fin d'hiver, rabattez si nécessaire à mi-hauteur les tiges qui se dégarnissent.

LES PROBLÈMES À SURVEILLER

Faites attention à l'oïdium, une maladie qui se manifeste par un feutrage blanchâtre sur les feuilles, en cas d'arrosages irréguliers ou encore de brusques variations de température.

Les bonnes associations

Les piléas s'intègrent bien dans des compositions de feuillages et floraisons variés, mais habillent joliment aussi le pied d'une grande plante dressée dans un bac, par exemple un palmier ou un ficus. Dans une jardinière, ils peuvent accompagner de petites plantes fleuries telles que primevères, calcéolaires ou bulbes de printemps.

facile

modéré

mi-ombre

12-22 °C

Janv.	Janv.
Fév.	Fév.
Mars	Mars
Avril	Avril
Mai	Mai
Juin	Juin
Juil.	Juil.
Août	Août
Sept.	Sept.
Oct.	Oct.
Nov.	Nov.
Déc.	Déc.

■ Rempotage

Piment d'ornement

Cette petite annuelle originaire, comme les poivrons et piments comestibles, d'Amérique centrale et du Sud, est proposée en potée parsemée de bouquets de petits fruits colorés, globuleux, coniques ou allongés selon les variétés, sur un feuillage vert vif. C'est une plante précieuse pour apporter des touches de couleur dans la maison, en automne tout particulièrement. Cuisine et salle à manger sont bien sûr des lieux de prédilection.

LE CONSEIL RUSTICA

En automne et en hiver, la fructification colorée de ce petit piment sera plus durable si vous pouvez installer la plante dans une pièce relativement fraîche (15 à 18 °C).

- **L'emplacement :** il faut à cette plante beaucoup de lumière vive pour une belle coloration des fruits, mais épargnez-lui le soleil de la mi-journée si elle se trouve derrière une vitre. Évitez aussi les variations brutales de température, qui peuvent entraîner la chute des fruits.
- **La floraison :** elle a généralement lieu en été, en petites fleurs blanches insignifiantes, mais vous trouverez des sujets portant des fruits colorés de l'été à la fin de l'hiver.
- **L'arrosage :** il peut être nécessaire d'arroser deux à trois fois par semaine en période estivale chaude, une à deux fois par semaine dans une pièce chauffée en automne et en hiver, mais en laissant toujours le terreau sécher sur 2 à 3 cm entre les apports d'eau et en évitant toute humidité stagnante.
- **Les apports d'engrais :** fertilisez tous les 15 jours pendant la floraison et la fructification, avec un engrais liquide pour plantes fleuries.
- **Le rempotage :** l'opération est inutile puisqu'il s'agit d'une plante annuelle, que l'on élimine lorsque les fruits sèchent et tombent.
- **La multiplication :** le semis en début de printemps vous permettra d'obtenir de nombreux plants.
- **Les petits soins :** augmentez l'humidité de l'air lorsque la température est supérieure à 20-22 °C, en posant le pot sur un lit de billes d'argile trempant dans un peu d'eau.

ATTENTION TOXIQUE

Méfiez-vous de cette petite plante entièrement toxique, par sa sève surtout, et dont les petits fruits très colorés attirent les enfants et les animaux domestiques.

LES PROBLÈMES À SURVEILLER

Faites attention aux attaques d'araignées rouges en atmosphère chaude et sèche, qui peuvent flétrir le feuillage.

Les bonnes associations

De petites plantes vertes mettront en valeur cette fructification éclatante, par exemple un lierre, une misère à petites feuilles, des fougères basses. Pour une déco très colorée, alignez plusieurs pots sur un appui de fenêtre ou groupez-les en centre de table.

moyenne

assez copieux

vive sans soleil direct

10-25 °C

Janv.	Janv.
Fév.	Fév.
Mars	Mars
Avril	Avril
Mai	Mai
Juin	Juin
Juil.	Juil.
Août	Août
Sept.	Sept.
Oct.	Oct.
Nov.	Nov.
Déc.	Déc.

Fructification

Plantes grasses

On désigne ainsi des plantes de différentes familles botaniques, ayant en commun leur aptitude à résister à la sécheresse des climats désertiques ou semi-désertiques grâce à leurs feuilles ou à leurs tiges charnues et succulentes, qui leur servent d'organes de réserve. Ils s'adaptent remarquablement bien à la culture en intérieur à condition de recevoir beaucoup de lumière et des arrosages parcimonieux. Ces végétaux offrent des ports et des feuillages très décoratifs.

Pleine lumière et arrosages parcimonieux

Toutes les plantes grasses demandent beaucoup de lumière en toute saison. La plupart supportent bien le plein soleil, même en été, mais gagnent aussi à passer l'été dehors, en situation ensoleillée et abritée des fortes pluies. Une luminosité insuffisante entraîne immanquablement leur dépérissement.

Ce sont des plantes idéales pour les débutants, car elles ne redoutent guère les oublis d'arrosage. Mieux vaut au contraire limiter les apports d'eau, car tout excès se traduit par la pourriture des racines ou du collet. En règle générale, un arrosage par semaine en été, tous les 10 à 15 jours ou même moins en hiver, selon la température de la pièce, suffit amplement. Inutile de préciser que ces plantes ne craignent pas non plus l'air sec de nos intérieurs chauffés en hiver !

Un terreau léger et drainant

Sensibles à tout excès d'humidité, les plantes grasses demandent à être cultivées dans un mélange très drainant, terreau pour cactées et plantes grasses du commerce, ou bien mélange « maison » composé d'un tiers de terreau de rempotage ordinaire, d'un tiers de terreau de feuilles et d'un tiers (ou plus) de sable grossier. Le rempotage peut être nécessaire chaque printemps pour les jeunes sujets, mais ensuite un rempotage tous les 3 à 5 ans suffit à ces plantes sobres et à croissance souvent assez lente.

Une multiplication facile

Ces plantes sont généralement faciles à multiplier par séparation de rejets ou par bouturage des tiges ou feuilles charnues. Laissez sécher la coupe 24 heures avant de repiquer les boutures dans un terreau très léger (composé en parts égales de sable et de

terreau de rempotage), où elles s'enracineront en quelques semaines, toujours avec des arrosages parcimonieux.

Des plantes très déco

Par leurs particularités anatomiques, ces curiosités végétales se prêtent bien à la constitution de collections, à la réalisation de minijardins du désert dans des coupes larges et peu profondes, ainsi qu'à la présentation sur un appui de fenêtre avec d'autres plantes grasses ou des cactées.

Chaîne-des-cœurs, céropégia

Ceropegia woodii

facile

parcimonieux

plein soleil, ou vive tamisée

10-25 °C

C'est une petite plante grasse très décorative pour une suspension ou un emplacement en hauteur sur une étagère, aux tiges grêles retombantes, portant de petites feuilles en forme de cœur, vert foncé marbré d'argent et teinté de rose pourpré au revers. De petites fleurs rose violacé apparaissent en été.

LE CONSEIL RUSTICA

Multipliez cette petite plante originale en détachant et rempotant des portions de tiges issues des bulbilles qui se forment sur les tiges.

Crassula

facile

parcimoni

plein sol

8-25 °C

Les formes arborescentes sont les plus courantes, mais les collectionneurs trouveront aussi de nombreuses petites espèces étonnantes. Toutes se caractérisent par leurs feuilles charnues, grises, argentées ou vertes, et leur silhouette très graphique à mettre en valeur en sujet isolé ou en groupe pour les formes naines.

LE CONSEIL RUSTICA

Les crassulas à feuillage vert et non gris ou argenté supportent moins bien le plein soleil que les autres, mais toute les variétés apprécient de passer l'été dehors à l'abri de la pluie.

Kalanchoé

facile

parcimoni

vive san
soleil dir

8-25 °C

Si les kalanchoés les plus courants en intérieur sont les petits hybrides de *Kalanchoe blossfeldiana*, alliant feuillage charnu vert soutenu et longue floraison en bouquets colorés, ce genre compte de nombreuses autres espèces de culture facile à feuillage remarquable, comme *K. daigremontiana*, qui forme des plantules sur tout le pourtour des feuilles.

LE CONSEIL RUSTICA

Lorsque vous arrosez les kalanchoés, évitez de mouiller la base des feuilles et le collet de la plante, sensibles à l'humidité.

Haworthia

facile

parcimonieux

plein soleil

10-25 °C

Ces petites plantes développent des rosettes très graphiques de feuilles épaisses, souvent triangulaires et ornées d'excroissances blanches, et peuvent offrir en fin de printemps des inflorescences légères et blanches. Elles font merveille en collection avec d'autres petites plantes grasses et cactées sur un appui de fenêtre très lumineux.

LE CONSEIL RUSTICA

Entourez le collet de la plante de fins gravillons ou de vermiculite pour l'isoler de toute humidité, même lors des arrosages. Utilisez par ailleurs un terreau très drainant, de type terreau pour cactées.

facile

cimonieux

ive sans
eil direct

0-25 °C

Sansevière, langue de belle-mère

Sansevieria

On peut parler d'une robustesse à toute épreuve pour cette plante qui supporte d'être oubliée dans un coin sombre et mal arrosée. Pour rendre plus attrayante sa silhouette aux feuilles charnues dressées, vert marqué de gris, souvent marginées de jaune, vous pouvez l'installer avec d'autres plantes grasses dans une coupe large.

LE CONSEIL RUSTICA

La sansevière présente des propriétés dépolluantes, absorbant notamment benzène, formaldéhyde et trichloréthylène. Elle peut donc être utilisée sans modération dans la maison.

facile

cimonieux

ein soleil

0-25 °C

Séneçon de Rowley

Senecio rowleyanus

Parfois appelée collier-de-perles, cette petite plante succulente et rampante, native d'Afrique du Sud, laisse retomber ses fines tiges aux feuilles sphériques, en petites perles vertes. Installez-la en hauteur dans un pot assez large, pour un bel effet de cascade en toute situation très lumineuse, voire ensoleillée.

LE CONSEIL RUSTICA

Il est bon d'espacer les apports d'eau d'au moins 10 à 15 jours en hiver dans une pièce bien chauffée. N'arrosez qu'une fois par mois si la plante se trouve dans une véranda fraîche.

Poinsettia, étoile de Noël

Arbuste mexicain pouvant atteindre 3 à 4 m de hauteur dans son habitat naturel, le poinsettia ou étoile de Noël, une euphorbe en réalité, est apprécié dans nos intérieurs comme potée fleurie et durable en fin d'année. Les véritables fleurs sont jaunes et insignifiantes, mais entourées d'une collerette de grandes bractées très colorées, blanches, roses à rouges selon les variétés, qui persistent plusieurs semaines. C'est une plante difficile à conserver et à faire refleurir.

- **L'emplacement :** beaucoup de lumière mais jamais de soleil direct derrière une vitre (qui brûlerait les feuilles fines), une chaleur douce et constante en évitant la proximité des radiateurs, telles sont les exigences du poinsettia pour une floraison durable.
- **La floraison :** elle commence entre octobre et décembre selon la période d'achat ou de forçage, et peut durer jusqu'en fin d'hiver dans de bonnes conditions de culture.
- **L'arrosage :** arrosez avec une eau à température ambiante, une à deux fois par semaine selon la température de la pièce, de façon à maintenir le terreau légèrement humide, en évitant tout excès. Laissez sécher le substrat sur 2 à 3 cm entre deux apports d'eau.

LE CONSEIL RUSTICA

Pour conserver le poinsettia, rempotez-le en fin de floraison et taillez ses tiges à 15-20 cm de la base. Gardez-le au frais et à la lumière, avec des arrosages réduits. Il lui faut, pour refleurir en fin d'automne, une période d'obscurité de 14 heures par jour pendant 6 semaines au moins, en septembre-octobre.

ATTENTION TOXIQUE

La sève laiteuse du poinsettia est toxique en cas d'ingestion et peut déclencher des réactions cutanées.

Quelles variétés choisir ?

Les variétés sont rarement nommées sur les points de vente, mais faites votre choix en fonction de la couleur des bractées, blanches, crème à presque jaunes, roses, rose saumoné à rouge écarlate, voire marbrées de rose et de crème.

- **Les apports d'engrais :** fertilisez tous les 15 jours avec un engrais pour plantes fleuries pendant la floraison, puis avec un engrais pour plantes vertes d'avril à septembre.

- **Le rempotage :** si vous voulez essayer de conserver cette plante, vous pouvez la rempoter à la fin de floraison dans un bon terreau de rempotage.
- **Les petits soins :** dans le salon ou la salle à manger, dès que la température est supérieure à 18 °C, posez le pot sur un lit de gravillons humides pour augmenter l'hygrométrie autour de la plante.
- **Une plante dépolluante :** le poinsettia est apte à absorber de petites quantités de formaldéhyde. C'est une raison supplémentaire de l'adopter dans la maison.

LES PROBLÈMES À SURVEILLER

Un air trop sec… les feuilles sèchent et tombent ; trop d'eau et le feuillage s'affaisse… Il faut trouver le bon doigté pour l'arrosage !

Les bonnes associations

D'autres plantes à fleurs ou fruits rouges permettront de composer une décoration de Noël en rouge et vert : amaryllis, ardisia, kalanchoé… Vous pouvez aussi réaliser un beau décor de table avec 3 ou 5 coloris différents de poinsettias.

moyenne

modéré

vive sans soleil direct

12-22 °C

Rempotage	Floraison
Janv.	Janv. (Floraison)
Fév. (Rempotage)	Fév. (Floraison)
Mars (Rempotage)	Mars (Floraison)
Avril	Avril
Mai	Mai
Juin	Juin
Juil.	Juil.
Août	Août
Sept.	Sept.
Oct.	Oct. (Floraison)
Nov.	Nov. (Floraison)
Déc.	Déc. (Floraison)

Rempotage
Floraison

Pommier d'amour
Solanum pseudocapsicum

Pommier d'amour

Ce petit arbuste natif d'Amérique du Sud, très ramifié, aux petites feuilles ovales vert moyen sans grand intérêt décoratif, se transforme lorsque les petites fleurs blanches du début d'été laissent la place à des fruits sphériques très colorés, orangés à rouges, parfois jaunes, qui peuvent persister jusqu'en fin d'hiver lorsqu'il ne fait pas trop chaud dans la maison.

LE CONSEIL RUSTICA

Sortez le pommier d'amour sur le balcon de juin à septembre, ce qui favorise un feuillage dense et stimule la fructification.

ATTENTION TOXIQUE

Les baies colorées sont toxiques, surtout lorsqu'elles sont encore vertes, ainsi que les autres organes de la plante. Aussi tenez-la hors de portée des jeunes enfants et des animaux domestiques.

- **L'emplacement :** dans la maison, l'idéal pour le pommier d'amour est une pièce relativement fraîche (15 à 18 °C en hiver) et un emplacement en pleine lumière, voire exposé au soleil direct en automne et en hiver. Entre avril et septembre, tamisez au contraire le soleil de la mi-journée. Il supporte une température plus élevée, mais la fructification en sera moins durable et la plante elle-même plus difficile à garder, car elle s'épuise vite en atmosphère chaude et sèche.
- **La floraison :** les petites fleurs blanches étoilées et discrètes apparaissent entre mai et juillet. Elles évoluent ensuite en baies sphériques, d'abord vertes puis colorées.
- **L'arrosage :** arrosez environ deux fois par semaine du milieu du printemps à la fin de l'été, de façon à maintenir le terreau légèrement humide en permanence (mais sans humidité stagnante). Réduisez les apports d'eau en automne, pour n'arroser qu'une fois par semaine dans une pièce chauffée, tous les 10 jours dans une véranda fraîche.
- **Les apports d'engrais :** fertilisez tous les 15 jours d'avril à septembre, avec un engrais liquide pour plantes fleuries ou, mieux, de l'engrais à tomates, qui favorise la fructification.

Quelles variétés choisir ?

Il existe des formes à fruits plus gros ou orangés, comme 'Red Giant', à gros fruits, et même à feuillage panaché.

- **Le rempotage :** il doit avoir lieu chaque année en début de printemps, dans un bon terreau de rempotage additionné d'un peu de compost de jardin ou de terreau de feuilles.
- **Les petits soins :** taillez le pommier d'amour en fin d'hiver, quand les baies sont tombées, pour lui conserver un port compact. Rabattez les tiges de près de la moitié de leur longueur et équilibrez la silhouette. Dans l'été, pincez les jeunes pousses pour qu'elles se ramifient. Vaporisez le feuillage lorsqu'il fait chaud.

LES PROBLÈMES À SURVEILLER

Des baies qui flétrissent, des feuilles qui jaunissent et sèchent, indiquent en général une atmosphère trop chaude et sèche. Il est conseiller de placer la plante dans une pièce plus fraîche ou de poser le pot sur un lit de billes d'argile humides pour augmenter l'hygrométrie.

Les bonnes associations

Pensez aux petits piments d'ornement pour une composition très colorée, ou bien à des feuillages décoratifs bas et buissonnants qui mettront en valeur la fructification du pommier d'amour.

moyenne

assez copieux

vive sans soleil direct

5-22 °C

Janv.	Janv. (Fructification)
Fév.	Fév. (Fructification)
Mars (Rempotage)	Mars (Fructification)
Avril (Rempotage)	Avril
Mai	Mai (Floraison)
Juin	Juin (Floraison)
Juil.	Juil. (Floraison)
Août	Août (Fructification)
Sept.	Sept. (Fructification)
Oct.	Oct. (Fructification)
Nov.	Nov. (Fructification)
Déc.	Déc. (Fructification)

Rempotage
Floraison
Fructification

Pothos
Epipremnum aureum
(syn. Scindapsus aureus, Epipremnum pinnatum)

Pothos

Cette grimpante vigoureuse, originaire des îles Salomon dans le Pacifique, a depuis longtemps fait ses preuves dans nos intérieurs, où ses tiges atteignent plusieurs mètres de long sans exiger beaucoup de soins. C'est cependant dans de bonnes conditions de lumière et d'humidité qu'elle prend toute son ampleur naturelle. Les feuilles juvéniles en cœur, celles que nous connaissons le plus souvent, deviennent beaucoup plus grandes et découpées chez les sujets parvenus à maturité, mais toujours panachées de jaune ou de crème.

- **L'emplacement :** même si le pothos supporte une ombre légère, son feuillage sera plus coloré si vous pouvez lui assurer une lumière vive et tamisée, du printemps à l'automne. La température normale d'une pièce chauffée lui convient, mais augmentez l'humidité de l'air au-delà de 20 °C pour favoriser le développement du feuillage.
- **La floraison :** rare en intérieur, l'inflorescence est composée d'une spathe et d'un spadice, comme chez les plantes de la famille des arums.
- **L'arrosage :** il doit être assez copieux. Arrosez une à deux fois par semaine selon la température, en mouillant bien toute la motte, mais laissez le terreau sécher sur 2 à 3 cm (un peu plus en hiver en ambiance fraîche) entre deux apports d'eau.
- **Les apports d'engrais :** fertilisez tous les 15 jours de mars à septembre, avec un engrais liquide pour plantes vertes.

LE CONSEIL RUSTICA

Vous pouvez laisser retomber les tiges du pothos d'une suspension ou bien les palisser sur un support. Une colonne garnie de mousse humide est idéale pour le développement de cette plante, qui déploie ainsi des feuilles plus amples.

ATTENTION TOXIQUE

Toxique en cas d'ingestion, le pothos peut aussi provoquer des réactions cutanées allergiques.

Quelles espèces et variétés choisir ?

Vous trouverez le plus souvent *Epipremnum aureum* (*E. pinnatum* 'Aureus'), au feuillage panaché de crème ou de jaune, le plus adaptable, mais recherchez aussi la variété 'Marble Queen', au très beau feuillage fortement panaché de blanc-crème. *E. pictum* 'Argyraeus' se distingue par un feuillage gris-vert satiné, ponctué d'argent.

- **Le rempotage :** intervenez tous les 2 ans en début de printemps, en choisissant un bon terreau de rempotage.
- **La multiplication :** cette plante se multiplie très facilement au printemps, par bouturage des tiges dans l'eau.
- **Les petits soins :** n'hésitez pas à raccourcir une tige trop longue et veillez à pincer les jeunes pousses au printemps et en été afin de les inciter à se ramifier.
- **Une plante dépolluante :** cette plante est très intéressante pour sa capacité à absorber monoxyde de carbone, toluène, benzène et formaldéhyde, polluants de notre air intérieur.

facile

assez copieux

vive tamisée

12-25 °C

Janv.	Janv.
Fév.	Fév.
Mars	Mars
Avril	Avril
Mai	Mai
Juin	Juin
Juil.	Juil.
Août	Août
Sept.	Sept.
Oct.	Oct.
Nov.	Nov.
Déc.	Déc.

Rempotage

LES PROBLÈMES À SURVEILLER

Des feuilles qui perdent leurs panachures souffrent d'un manque de lumière, tandis que de larges taches brunes sur le feuillage sont plutôt le signe d'un excès d'humidité au niveau du terreau.

Les bonnes associations

Pensez à d'autres feuillages grimpants ou retombants comme ceux des misères, cissus, jasmins de Madagascar pour dessiner des guirlandes derrière une fenêtre ou dans une véranda.

Primevère

Synonymes d'arrivée du printemps au jardin, les primevères offrent aussi leur floraison aux teintes douces en hiver et au printemps dans la maison. Considérez-les comme des plantes saisonnières, car il est très difficile de les faire refleurir, et gardez-les autant que possible dans une pièce peu chauffée pour profiter plus longtemps de leurs fleurs, par exemple dans une entrée, un couloir ou sur un palier frais.

LE CONSEIL RUSTICA

Lors des arrosages, évitez de mouiller la base des tiges et des feuilles, sensible à la pourriture.

ATTENTION TOXIQUE

Les primevères peuvent causer des troubles digestifs en cas d'ingestion, mais surtout être responsables de dermites allergiques par contact. Tenez-les éloignées des enfants et des animaux domestiques, et manipulez-les avec des gants si vous êtes sujet aux allergies cutanées.

- **L'emplacement :** une lumière vive mais jamais de plein soleil derrière une vitre, une température fraîche (10 à 15 °C si possible, pas plus de 18 à 20 °C), tels sont les besoins des primevères pour fleurir généreusement dans la maison. Elles se plaisent donc dans les vérandas et les endroits peu chauffés. Si vous les installez dans une pièce assez chaude, déplacez-les pour la nuit plus au frais, la floraison en sera prolongée.
- **La floraison :** elle a normalement lieu en fin d'hiver ou début de printemps, mais vous trouverez des primevères en fleur parfois dès novembre et jusqu'en mars. En situation fraîche, la floraison peut durer 6 à 8 semaines.
- **L'arrosage :** maintenez le terreau légèrement humide, en évitant toute humidité stagnante. Arrosez dès que le substrat sèche en surface, mais ne laissez jamais l'eau stagner dans la soucoupe.
- **Les apports d'engrais :** apportez un engrais liquide pour plantes fleuries tous les 15 jours durant la floraison.

Quelles espèces choisir ?

Vous trouverez surtout *Primula obconica*, aux grandes feuilles et verticilles de fleurs blanches, roses à rouges ou bleu-violet, parfois avec un œil contrasté, et *P. malacoides*, à feuilles duveteuses, légèrement plissées, verticilles de fleurs blanches, roses à rouge pourpré, simples ou doubles. La primevère des jardins (*P. vulgaris*) peut aussi composer un décor temporaire très coloré dans une pièce fraîche.

- **Les petits soins :** il est recommandé de supprimer les feuilles jaunies ou sèches et les inflorescences fanées, pour que la primevère garde belle allure. Si la température de la pièce atteint 17 à 18 °C, posez le pot sur un lit de billes d'argile trempant dans un peu d'eau pour augmenter l'humidité de l'air, mais ne vaporisez pas d'eau sur le feuillage.

LES PROBLÈMES À SURVEILLER

Faites attention aux pucerons qui sont susceptibles d'envahir les tiges florales au printemps.

Les bonnes associations

Entourez vos primevères de petites plantes vertes (par exemple des lierres ou des piléas) dans une coupe large ou une jardinière, ou de petits cyclamens dans des tons proches.

moyenne

modéré

vive sans soleil direct

5-20 °C

Janv.	Janv.
Fév.	Fév.
Mars	Mars
Avril	Avril
Mai	Mai
Juin	Juin
Juil.	Juil.
Août	Août
Sept.	Sept.
Oct.	Oct.
Nov.	Nov.
Déc.	Déc.

Floraison

Radermachera
Radermachera sinica (syn. Stereospermum sinicum)

Radermachera

Cet arbuste asiatique déploie en intérieur sa silhouette élégante et son feuillage léger, vert brillant, porté par des tiges assez fines. Il peut dépasser 1 m de hauteur si on le laisse croître librement, mais gagne à garder un port compact et ramifié grâce à une taille régulière. De culture facile, il trouve sa place dans le salon ou la véranda, dans une chambre peu chauffée ou un bureau.

LE CONSEIL RUSTICA

Durant la saison de croissance, pincez deux ou trois fois les tiges des jeunes sujets pour les inciter à se ramifier. Intervenez ensuite en fin d'hiver ou début de printemps pour équilibrer la silhouette : raccourcissez les tiges trop longues, rabattez celles qui se dégarnissent.

- **L'emplacement :** il faut à ce bel arbuste une lumière vive toute l'année, mais épargnez-lui le soleil direct en milieu de journée entre avril et septembre. S'il supporte d'être un peu éloigné d'une fenêtre, ses tiges risquent cependant de se dégarnir à la base. Côté température, il se plaît dans une pièce normalement chauffée en hiver comme un peu plus au frais dans une véranda.
- **L'arrosage :** arrosez environ deux fois par semaine en été, en mouillant bien toute la motte (mais sans laisser l'eau stagner sous le pot), une fois par semaine le reste de l'année, tous les 10 jours en cas d'hivernage en situation fraîche, en laissant le terreau sécher sur quelques centimètres entre les arrosages. Utilisez si possible une eau non calcaire.
- **Les apports d'engrais :** fertilisez tous les 15 jours de mars à septembre, avec un engrais liquide pour plantes vertes.
- **Le rempotage :** intervenez tous les ans pour les jeunes sujets, puis tous les 2 ans, au printemps, en utilisant un bon mélange de rempotage, éventuellement enrichi d'un quart de compost ou de terre de jardin légère.
- **Les petits soins :** lorsque la température dépasse 18 °C, posez le pot sur un lit de billes d'argile humides ou bassinez fréquemment le feuillage avec une eau non calcaire, à température ambiante.

facile

modéré

vive sans soleil direct

12-22 °C

LES PROBLÈMES À SURVEILLER

Des feuilles qui pendent peuvent indiquer un excès d'arrosage ; laissez sécher un peu le terreau entre les apports d'eau. Surveillez aussi les attaques de cochenilles à bouclier en fin d'hiver.

Janv.	Janv.
Fév.	Fév.
Mars	Mars
Avril	Avril
Mai	Mai
Juin	Juin
Juil.	Juil.
Août	Août
Sept.	Sept.
Oct.	Oct.
Nov.	Nov.
Déc.	Déc.

■ Rempotage

Les bonnes associations

Associez cet arbuste à des plantes vertes plus basses, telles que petites fougères, piléas ou asparagus. Pour le contraste, essayez aussi des alliances avec des feuillages pourpres (misère) ou panachés de blanc ou de rose (hypoestes, ptéris).

Rosier miniature

Ces véritables miniatures, puisqu'elles ne dépassent guère 30 cm de hauteur et d'étalement, séduisent par leur floraison en petites roses simples ou doubles, dans toute une gamme de coloris, incluant des formes bicolores. N'espérez pas en faire de véritables plantes d'intérieur, mais profitez de leur floraison durant quelques semaines dans la maison avant de tenter une replantation au jardin ou sur la terrasse.

LE CONSEIL RUSTICA

À l'achat, choisissez un sujet bien ramifié, au feuillage fourni, portant de nombreux boutons floraux. Proscrivez les boutures à peine enracinées, encore chétives, qui dépérissent en quelques jours dans la maison.

- **L'emplacement :** le temps de la floraison, choisissez pour ces petits rosiers un endroit lumineux, mais sans soleil direct, et relativement frais (la floraison est très écourtée à 20 °C, dans un air sec). Lorsqu'ils sont défleuris, n'attendez pas que le feuillage jaunisse pour les sortir sur le balcon ou la terrasse, en situation abritée et légèrement ombragée à la mi-journée. En automne, plantez-les au jardin dans un emplacement abrité ou bien gardez-les en pot dans une serre ou une véranda hors gel pour l'hiver.
- **La floraison :** elle dure rarement plus de 2 ou 3 semaines dans la maison. Coupez les fleurs fanées.
- **L'arrosage :** arrosez deux ou trois fois par semaine durant la floraison, de façon à maintenir le terreau frais mais en évitant toute humidité stagnante. Les apports d'eau doivent ensuite être réguliers durant la période de végétation, puis parcimonieux (tous les 10 à 15 jours) en hiver, pour éviter le dessèchement complet du terreau.
- **Les apports d'engrais :** d'avril à septembre, fertilisez une fois par mois avec un engrais pour rosiers faiblement dosé, ou bien tous les 15 jours avec un engrais liquide pour plantes fleuries.

Quelles variétés choisir ?

Vous trouverez tout un choix de variétés, généralement non nommées, à très petites fleurs simples ou doubles, blanches, jaunes à orangées, roses à rouges.

difficile

modéré

vive sans soleil direct

5-20 °C

- **Le rempotage :** si vous conservez ce petit rosier, rempotez-le en fin d'hiver dans un mélange composé en parts égales de terreau de rempotage et de terre de jardin.
- **Les petits soins :** en fin d'hiver, pratiquez une taille légère pour stimuler croissance et floraison, en raccourcissant les tiges d'un quart à un tiers de leur longueur. Durant la floraison dans la maison, vaporisez le feuillage (pas les fleurs) à l'eau douce tous les 2 jours si la température atteint 18 °C.

LES PROBLÈMES À SURVEILLER

Comme tous les rosiers, ces formes miniatures sont sensibles à l'oïdium. Cette maladie, qui se manifeste par des taches poudreuses blanchâtres sur les feuilles, est provoquée par des arrosages trop irréguliers.

Janv.	Janv.
Fév.	Fév.
Mars	Mars
Avril	Avril
Mai	Mai
Juin	Juin
Juil.	Juil.
Août	Août
Sept.	Sept.
Oct.	Oct.
Nov.	Nov.
Déc.	Déc.

Rempotage
Floraison
Repos

Les bonnes associations
Les rosiers miniatures voisinent bien avec des petits feuillages, par exemple des guirlandes de lierre panaché ou vert, des plectranthus ou des asparagus.

Saintpaulia, violette du Cap

Ces petites plantes originaires d'Afrique du Sud se déclinent en très nombreuses variétés au feuillage duveteux en rosette, à la floraison quasi ininterrompue toute l'année (en situation très lumineuse), en bouquets de petites fleurs simples ou doubles, blanches, roses à pourpres ou violet foncé, à étamines jaunes. Elles sont ravissantes alignées sur un appui de fenêtre ou groupées sur une petite table près d'une baie, dans une chambre comme dans le salon ou la salle à manger.

- **L'emplacement :** pour une floraison soutenue toute l'année ou presque, il faut au saintpaulia beaucoup de lumière vive, mais jamais de soleil direct entre 10 h et 17 h au printemps et en été. Il apprécie aussi une température douce et constante, de 16 à 22 °C.
- **La floraison :** particulièrement généreuse au printemps et en été, elle peut se poursuivre toute la mauvaise saison si le saintpaulia reçoit beaucoup de lumière et si le terreau n'est pas appauvri.
- **L'arrosage :** il doit être régulier mais modéré. Évitez tout excès et utilisez une eau à température ambiante, non calcaire de préférence. Arrosez une à deux fois par semaine selon la température, en laissant le terreau sécher sur 2 à 3 cm entre les arrosages. Versez l'eau dans la soucoupe, puis videz celle-ci

LE CONSEIL RUSTICA

Les saintpaulias craignent les variations brutales de température et les courants d'air froids. Aussi veillez en hiver à ce que les feuilles ne soient pas en contact avec une vitre froide.

Quelles variétés choisir ?

Il est tentant de collectionner les saintpaulias tant les variétés sont nombreuses, à fleurs simples ou doubles, unies ou bicolores, à pétales ondulés ou frisés, et même en miniatures qui tiennent aussi bien que les variétés classiques si vous les arrosez avec doigté. ■

20 à 30 minutes plus tard, ce qui évite de mouiller la base des feuilles.

- **Les apports d'engrais :** fertilisez tous les 15 jours de mars à octobre, avec un engrais pour plantes fleuries, puis toutes les 3 semaines tant que dure la floraison.

- **Le rempotage :** intervenez en fin d'hiver ou au printemps, hors période de floraison, en utilisant un terreau léger, par exemple composé à parts égales de terreau de rempotage et de terre de bruyère. Ne choisissez pas un contenant trop grand, car la croissance est assez lente et la floraison meilleure lorsque la plante se trouve un peu à l'étroit dans son pot.

- **La multiplication :** elle s'effectue au printemps, par bouturage de feuille (munie de son pétiole), dans du terreau ou tout simplement dans de l'eau.

- **Les petits soins :** supprimez régulièrement les bouquets de fleurs fanées et les feuilles qui jaunissent pour éviter tout risque de pourriture.

LES PROBLÈMES À SURVEILLER

Faites attention à la pourriture des racines et du collet, fréquente en cas d'excès d'humidité. À titre préventif, évitez de mouiller les feuilles et la base de la rosette lors des arrosages.

Les bonnes associations

Pensez aux petites orchidées comme les phalaenopsis miniatures, mais aussi aux petites plantes vertes dont le feuillage contrasté mettra les fleurs du saintpaulia en valeur, par exemple le lierre, le figuier rampant, la capillaire...

facile

modéré

vive sans soleil direct

12-25 °C

Janv.	Janv.
Fév.	Fév.
Mars	Mars
Avril	Avril
Mai	Mai
Juin	Juin
Juil.	Juil.
Août	Août
Sept.	Sept.
Oct.	Oct.
Nov.	Nov.
Déc.	Déc.

Rempotage
Floraison

Scheffléra, arbre-parapluie

Appelé aussi arbre-ombrelle, le scheffléra, originaire d'Australie, est un grand classique dans nos intérieurs, apprécié autant pour sa robustesse que pour sa silhouette élégante de petit « arbre » d'intérieur aux grandes feuilles palmées et vernissées. Avide de lumière mais très adaptable, il trouve sa place dans le salon, une entrée lumineuse ou un bureau, une grande chambre. Offrez-lui un espace suffisant pour déployer ses tiges ramifiées qui peuvent dépasser 2 m de hauteur.

- **L'emplacement :** s'il supporte de se trouver un peu éloigné des fenêtres, le scheffléra n'en préfère pas moins une lumière vive toute l'année, sans soleil direct entre avril et septembre. Il s'accommode de températures fraîches comme de l'air sec d'une pièce bien chauffée, à condition que l'on bassine régulièrement son feuillage.
- **La floraison :** les sujets déjà âgés offrent parfois en été de grandes panicules de fleurs roses.
- **L'arrosage :** il est rarement nécessaire d'arroser plus d'une fois par semaine. Laissez sécher le terreau sur plusieurs centimètres avant tout nouvel apport d'eau. Si la plante se trouve dans un lieu frais en hiver (véranda, entrée peu chauffée), arrosez tous les 10 à 15 jours.
- **Les apports d'engrais :** fertilisez tous les 15 jours de mars à septembre, avec un engrais liquide pour plantes vertes.

Quelles variétés choisir ?

Vous trouverez plusieurs variétés, rarement nommées sur les points de vente, différant par la forme des folioles, certaines aussi panachées de jaune ou de crème.

LE CONSEIL RUSTICA

Un séjour estival sur la terrasse, en situation abritée et légèrement ombragée, fait le plus grand bien au scheffléra.

ATTENTION TOXIQUE

La sève du scheffléra est très irritante et toxique. Aussi veillez à ce que les jeunes enfants et les animaux domestiques n'y touchent pas.

- **Le rempotage :** il doit avoir lieu tous les ans au printemps, puis tous les 2 ans, dans un bon terreau de rempotage, si possible enrichi d'un quart de terre de jardin. Surfacez chaque printemps les grandes plantes difficiles à rempoter.

- **La multiplication :** la plante peut être multipliée par bouturage de pousses terminales dans l'eau, au printemps ou en été.

- **Les petits soins :** pincez régulièrement les pousses des jeunes sujets pour les inciter à adopter un port buissonnant. Soutenez par des tuteurs les tiges qui manquent de rigidité. Si nécessaire, taillez en fin d'hiver les grandes plantes pour équilibrer leur silhouette et raccourcir les tiges trop longues.

- **Une plante dépolluante :** cette plante présente une aptitude à absorber le benzène, que l'on retrouve dans nombre de peintures, matières plastiques, produits d'entretien et de bricolage.

facile

modéré

vive sans soleil direct

10-25 °C

LES PROBLÈMES À SURVEILLER

Les cochenilles à bouclier peuvent envahir les pétioles et le revers des feuilles. Surveillez régulièrement le feuillage pour les déloger à la main.

Janv.	Janv.
Fév.	Fév.
Mars	Mars
Avril	Avril
Mai	Mai
Juin	Juin
Juil.	Juil.
Août	Août
Sept.	Sept.
Oct.	Oct.
Nov.	Nov.
Déc.	Déc.

■ Rempotage

Les bonnes associations

Associez le schefflèra à des plantes vertes plus petites (néphrolépis, dieffenbachia, cordyline...) pour des scènes de feuillages contrastés et luxuriants, ou à quelques autres grands sujets comme le figuier pleureur, le croton, le caoutchouc ou un palmier, pour esquisser une séparation dans une pièce.

Spathiphyllum, fleur-de-lune

L'espèce ayant donné naissance aux hybrides cultivés en intérieur pousse dans les forêts tropicales humides d'Amérique centrale et du Sud. Les hybrides sont des plantes remarquables, robustes, adaptables et susceptibles de fleurir toute l'année si la luminosité est suffisante. Ils allient un beau feuillage sombre et vernissé à des inflorescences blanches composées d'une spathe et d'un spadice. Adoptez-les sans hésiter dans la salle de bains comme dans le salon, le bureau ou une chambre.

- **L'emplacement :** un appui de fenêtre orienté au nord est parfait, car cette plante redoute le soleil direct qui brûle ses feuilles. Le spathiphyllum supporte la mi-ombre, mais sera plus florifère s'il reçoit une lumière vive tamisée. Côté température, il se plaît aussi bien dans une pièce fraîche que bien chauffée, mais il est bon de vaporiser régulièrement le feuillage en atmosphère chaude, pour éviter que la pointe des feuilles ne sèche.
- **La floraison :** elle peut se renouveler toute l'année, sous la forme d'un fin épi crème, le spadice, entouré d'une large spathe blanc pur.
- **L'arrosage :** il doit être assez copieux, de façon à maintenir le mélange frais en permanence, en évitant cependant toute humidité stagnante. Vous arroserez donc une à deux fois par semaine, selon la température.

Quelles variétés choisir ?

Vous trouverez des « miniatures » ne dépassant pas 20 à 30 cm de hauteur, tandis que les variétés les plus vigoureuses peuvent atteindre près de 1 m de hauteur et d'étalement. Faites votre choix aussi en fonction de la forme des spathes, plus ou moins ovales ou effilées et fines, ou optez pour des feuilles panachées de blanc.

LE CONSEIL RUSTICA

Des feuilles qui pendent indiquent généralement un manque d'eau, mais le spathiphyllum est une plante robuste qui se remet rapidement après un bon arrosage.

ATTENTION TOXIQUE

Feuilles et tiges contiennent des oxalates toxiques, qui peuvent provoquer des troubles digestifs et respiratoires en cas d'ingestion. Aussi placez cette plante hors de portée des enfants et des animaux domestiques.

- **Les apports d'engrais :** tant que dure la floraison, toute l'année au besoin, apportez un engrais liquide pour plantes fleuries, tous les 15 jours de mars à octobre, puis toutes les 3 à 4 semaines.
- **Le rempotage :** intervenez au printemps, chaque année pour les plantes à croissance vigoureuse, puis tous les 2 ans, en utilisant un bon terreau de rempotage ou un mélange composé d'une moitié terreau, d'un quart de terre de jardin et d'un quart de sable grossier.
- **La multiplication :** la division des touffes bien développées est facile au printemps.
- **Les petits soins :** coupez régulièrement les feuilles jaunies et les spathes en fin de floraison, lorsqu'elles verdissent.
- **Une plante dépolluante :** voici une plante très précieuse, apte à absorber différents polluants de nos intérieurs, notamment le benzène, le formaldéhyde, l'ammoniac et le trichloréthylène.

facile

assez copieux

vive tamisée

12-25 °C

LES PROBLÈMES À SURVEILLER

Un spathiphyllum qui ne fleurit pas manque le plus souvent de lumière ou bien d'engrais. Assurez-vous également que le terreau ne soit pas excessivement humide.

Janv.	Janv.
Fév.	Fév.
Mars	Mars
Avril	Avril
Mai	Mai
Juin	Juin
Juil.	Juil.
Août	Août
Sept.	Sept.
Oct.	Oct.
Nov.	Nov.
Déc.	Déc.

Rempotage
Floraison

Les bonnes associations

Pensez à d'autres feuillages amples et généreux comme ceux des marantas, philodendrons ou dieffenbachias, mais aussi aux anthuriums pour des harmonies colorées.

Syngonium
Syngonium podophyllum

Syngonium

Originaire des forêts tropicales d'Amérique centrale, cette espèce grimpante (ou retombante) s'adapte remarquablement à la culture en intérieur, où ses tiges vigoureuses déploient des feuilles d'abord triangulaires puis en fer de lance, enfin lobées sur les sujets parvenus à maturité. Le feuillage vert soutenu est diversement panaché de vert clair, blanc, crème ou argent selon les variétés. Cette plante facile se plaît particulièrement dans les ambiances humides, par exemple la salle de bains.

LE CONSEIL RUSTICA

Le syngonium fait bel effet cultivé en suspension, mais aussi palissé sur une colonne garnie de mousse (à humidifier régulièrement).

- **L'emplacement :** si le syngonium apprécie une lumière vive tamisée, il supporte aussi la mi-ombre, à l'exception des variétés fortement panachées, plus exigeantes en lumière. Du printemps à la fin de l'été, le soleil direct est à proscrire. Cette plante s'accommodera d'une pièce bien chauffée, à condition que l'on augmente l'humidité de l'air en posant le pot sur un lit de billes d'argile trempant dans un peu d'eau.
- **L'arrosage :** arrosez jusqu'à deux fois par semaine en pleine période de croissance, une fois par semaine ou même moins en hiver en situation fraîche, en laissant toujours le terreau sécher sur 2 à 3 cm entre deux apports d'eau.
- **Les apports d'engrais :** fertilisez tous les 15 jours de mars à septembre, avec un engrais liquide pour plantes vertes.
- **Le rempotage :** intervenez tous les ans au printemps pour les jeunes plantes, puis tous les 2 ans, en utilisant un bon terreau de rempotage, si possible enrichi d'un quart de terreau de feuilles.

ATTENTION TOXIQUE

Cette plante de la famille des arums renferme une sève irritante par contact, toxique en cas d'ingestion. Placez-la hors de portée des enfants et des animaux domestiques.

Quelles variétés choisir ?

Vous trouverez toute une palette de variétés offrant des panachures blanches à argentées ou jaune-crème, même roses, certaines à feuilles presque entièrement blanches (plus exigeantes en lumière).

facile

modéré

vive tamisée, ou mi-ombre

15-25 °C

- **Les petits soins :** pour stimuler la ramification et limiter la croissance des tiges, qui peuvent atteindre 2 m de long, coupez celles-ci au-dessus d'une belle feuille entre la fin de l'hiver et le début de l'été.
- **Une plante dépolluante :** cette plante est intéressante par sa capacité à absorber divers polluants de nos intérieurs, en particulier le xylène, présent dans des colles et vernis, et dans des stylos feutres. Elle a donc toute sa place dans le bureau ou le salon.

LES PROBLÈMES À SURVEILLER

Les araignées rouges peuvent tisser leurs fines toiles au revers des feuilles en atmosphère chaude et sèche, entraînant décoloration du feuillage et perte de vigueur. À titre préventif, bassinez fréquemment le feuillage à l'eau douce et tiède.

Janv.	Janv.
Fév.	Fév.
Mars ■	Mars
Avril ■	Avril
Mai ■	Mai
Juin	Juin
Juil.	Juil.
Août	Août
Sept.	Sept.
Oct.	Oct.
Nov.	Nov.
Déc.	Déc.

■ Rempotage

Les bonnes associations

Associez le syngonium à d'autres feuillages luxuriants, par exemple ceux des dieffenbachias, cissus, philodendrons, misères ou grands ficus, pour évoquer une petite jungle tropicale dans la maison.

Yucca

Originaire d'Amérique centrale, le yucca est devenu un classique dans nos intérieurs modernes, où on l'apprécie pour sa silhouette architecturale autant que pour sa robustesse. Il développe des troncs épais et rugueux pouvant atteindre 2 m de hauteur, couronnés de plusieurs rosettes de feuilles épaisses, effilées, vert moyen, terminées en épine acérée.

LE CONSEIL RUSTICA

Pour être au mieux de sa forme, le yucca apprécie de passer l'été dehors en situation abritée et ensoleillée, de juin à septembre, puis de faire un séjour au frais (12 à 15 °C) entre décembre et février. Mais il supporte aussi de rester toute l'année dans un intérieur chauffé.

ATTENTION TOXIQUE

Les feuilles du yucca peuvent causer des irritations cutanées et des troubles digestifs en cas d'ingestion.

- **L'emplacement :** le plus possible de lumière, du soleil même en été, voilà la seule exigence du yucca pour prospérer en intérieur. Il supporte l'air sec, s'adapte à des températures variées et trouve donc sa place dans le salon ou un bureau, une grande salle de bains ou une chambre... Attention à l'extrémité redoutable de ses feuilles, ne l'installez pas à proximité d'un passage.
- **L'arrosage :** il est rarement nécessaire plus d'une fois par semaine en été, mais veillez à bien mouiller la motte. Arrosez tous les 10 à 15 jours en hiver selon la température de la pièce, en laissant toujours le terreau sécher sur plusieurs centimètres entre deux apports d'eau. Pensez à vider la soucoupe sous le pot une heure après l'arrosage, pour éviter toute humidité stagnante.
- **Les apports d'engrais :** fertilisez tous les 15 jours d'avril à septembre, avec un engrais liquide pour plantes vertes, dilué de moitié.
- **Le rempotage :** intervenez tous les 2 ou 3 ans, en utilisant un mélange léger, par exemple composé d'un tiers de terreau de rempotage, d'un tiers de terre de jardin et d'un tiers de sable grossier. Pour les grands sujets difficiles à rempoter, procédez à un surfaçage annuel au printemps en grattant délicatement les 4 à 6 cm de terreau superficiel pour les remplacer par du terreau frais, riche en éléments nutritifs.

Quelles variétés choisir ?

'Variegata' est une forme au beau feuillage panaché, peu courante car moins robuste que l'espèce type.

- **La multiplication :** des rejets se forment souvent à la base de la plante. Vous pourrez les séparer de la plante mère au printemps, lorsqu'ils portent au moins 4 ou 5 belles feuilles.
- **Les petits soins :** dépoussiérez le feuillage de temps à autre, en le douchant ou en passant un chiffon humide sur les feuilles.

facile

parcimonieux

plein soleil

10-25 °C

LES PROBLÈMES À SURVEILLER

Des feuilles qui pâlissent et jaunissent indiquent généralement un manque de lumière. Rapprochez le pot d'une fenêtre. Surveillez aussi de possibles attaques de cochenilles sous les feuilles, surtout en fin d'hiver.

Janv.	Janv.
Fév.	Fév.
Mars	Mars
Avril	Avril
Mai	Mai
Juin	Juin
Juil.	Juil.
Août	Août
Sept.	Sept.
Oct.	Oct.
Nov.	Nov.
Déc.	Déc.

■ Rempotage

Les bonnes associations

Associez le yucca à des plantes grasses assez vigoureuses comme les crassulas, pour évoquer les régions arides, ou bien à des feuillages bas et fournis pour des jeux de contraste, par exemple ceux des asparagus, papyrus ou zamioculcas.

Zamioculcas

Appartenant à la famille des arums et originaire de l'Est africain, cette plante au feuillage original est cultivée depuis peu à l'intérieur, mais s'y révèle remarquablement robuste. Peu exigeant, le zamioculcas se plaît dans le salon ou le bureau, dans une entrée ou une chambre s'il y reçoit beaucoup de lumière. Ses « tiges » charnues, renflées à la base, sont en réalité le pétiole des feuilles, composées de paires de folioles charnues, vert foncé brillant.

LE CONSEIL RUSTICA

La croissance du zamioculcas est lente, ce qui explique le prix élevé des plantes déjà bien développées mais, si vous êtes patient, un jeune sujet atteindra au bout de quelques années près de 1 m de hauteur et d'étalement.

- **L'emplacement :** le zamioculcas demande beaucoup de lumière vive (mais épargnez-lui le soleil direct entre avril et septembre) pour former de nouvelles feuilles. Il supporte toutefois temporairement la mi-ombre. Il est très adaptable également côté température mais, si celle-ci dépasse 20 °C, il est bon de bassiner le feuillage deux fois par semaine à l'eau non calcaire.
- **La floraison :** très rare chez les sujets en pot, l'inflorescence est composée d'une spathe et d'un spadice verdâtres.
- **L'arrosage :** il doit être modéré en toute saison. En période de croissance, arrosez une à deux fois par semaine, en laissant sécher le terreau sur 3 à 4 cm entre deux apports d'eau. En hiver, vous pouvez procéder seulement tous les 15 jours en situation fraîche, en laissant le substrat sécher en profondeur avant d'arroser de nouveau.
- **Les apports d'engrais :** fertilisez tous les 15 jours de mars à septembre, avec un engrais liquide pour plantes vertes.
- **Le rempotage :** intervenez tous les 2 ou 3 ans en début de printemps, quand la plante est à l'étroit dans son pot. Utilisez un bon terreau de rempotage ou, mieux, un mélange à parts égales de terreau de rempotage, terre de bruyère et terre légère de jardin.
- **La multiplication :** les touffes bien développées peuvent être divisées au printemps, mais la reprise des éclats est un peu délicate.

ATTENTION TOXIQUE

Le zamioculcas présenterait des risques de toxicité légère en cas d'ingestion.

facile

modéré

vive sans soleil direct

10-25 °C

LES PROBLÈMES À SURVEILLER

Les cochenilles à bouclier peuvent envahir les tiges et le revers des feuilles. Il est possible de les déloger manuellement en les grattant avec un coton-tige imbibé d'alcool dénaturé, tant qu'elles sont peu nombreuses.

- **Les petits soins :** coupez à la base les vieilles feuilles jaunies pour que la touffe garde un bel aspect.

Janv.	Janv.
Fév.	Fév.
Mars	Mars
Avril	Avril
Mai	Mai
Juin	Juin
Juil.	Juil.
Août	Août
Sept.	Sept.
Oct.	Oct.
Nov.	Nov.
Déc.	Déc.

■ Rempotage

Les bonnes associations

Pensez aux feuillages de formes et teintes contrastées, par exemple ceux du croton, du radermachera ou du yucca, mais aussi aux plantes fleuries exotiques telles que l'anthurium ou le curcuma.

Glossaire

A

Aisselle : angle formé entre la tige d'une plante et une feuille ou une pousse se développant au niveau d'un bourgeon.

Aréole : organe spécifique de la famille des Cactacées, en forme de coussinet et portant les épines, soies et fleurs.

B

Bassiner : pulvériser de l'eau en pluie fine sur le feuillage pour l'humidifier et augmenter l'humidité de l'air.

Bouturage : mode de multiplication qui consiste à prélever des portions de tige, feuille ou racine pour leur faire émettre de nouvelles feuilles, pousses ou racines, et donner ainsi une nouvelle plante identique à la plante mère.

Bractée : feuille modifiée, souvent colorée, qui entoure des fleurs en général insignifiantes, par exemple chez les Broméliacées ou le poinsettia.

Bulbe : bourgeon souterrain modifié, servant d'organe de réserve et apte à entrer en croissance pour développer racines et tiges.

Bulbille : petit bulbe, parfois présent sur les tiges.

C

Calice : ensemble des sépales (ce sont des pièces florales externes), d'une fleur.

Chaume : tige des bambous.

Chlorose : phénomène de jaunissement ou de décoloration du feuillage, généralement entre les nervures qui demeurent vertes, causé par une carence minérale du sol ou du mélange de culture, ou par une eau trop calcaire.

Collet : partie de la plante située entre la tige et les racines, généralement au niveau de la surface du terreau pour les plantes en pot.

D

Division : mode de multiplication des plantes qui consiste à séparer la touffe en plusieurs parties comportant chacune racines, feuilles et pousses, et donc aptes à donner une nouvelle plante. La division du rhizome consiste à le couper en plusieurs éclats portant racines et pousses.

E

Épi : type d'inflorescence dont les fleurs sont disposées sur un axe vertical, non ramifié.

Épillet : petit épi dans une inflorescence composée, le plus souvent chez les graminées.

Épiphyte : se dit d'une plante, comme de nombreuses orchidées et Broméliacées, qui pousse ancrée sur une autre, sans pour autant parasiter celle-ci qui sert alors uniquement de support.

Étamine : organe mâle de la fleur, composé d'un filet et d'une anthère.

F

Foliole : chacune des divisions d'une feuille composée.

Fronde : feuille d'une fougère.

H

Hampe : tige d'une fleur ou inflorescence, qui est dépourvue de feuilles.

L

Lancéolée : se dit d'une feuille de forme allongée, pointue aux deux extrémités et plus large au milieu.

Latex : sève d'aspect laiteux de certains végétaux, comme c'est le cas du poinsettia.

Ligneuse : se dit d'une tige ayant l'aspect du bois.

Limbe : partie plate et souvent élargie de la feuille.

Lobée : se dit d'une feuille découpée en lobes, aux divisions arrondies.

M

Marcottage : mode de multiplication consistant à enterrer une portion de tige, rattachée à la plante mère, pour lui faire émettre des racines sur la partie enterrée, puis à la séparer de la plante mère pour obtenir enfin une nouvelle plante identique.

Mise en végétation : incitation à une reprise de la croissance après une période de repos végétatif, généralement chez les plantes bulbeuses, par une modification des conditions de culture (reprise des arrosages et augmentation de la lumière, par exemple).

N

Nœud : point d'insertion d'une feuille ou d'une ramification sur la tige, qui est généralement renflé.

O

Ombelle : inflorescence plate ou globuleuse dans laquelle toutes les fleurs sont issues d'un même point, comme chez le pentas.

P

Panicule : inflorescence très ramifiée, de forme générale triangulaire.

Pincer : supprimer l'extrémité d'une tige ou pousse, pour éliminer les fleurs fanées ou stimuler la ramification.

R

Rabattre : tailler sévèrement une tige, généralement d'au moins la moitié de sa longueur.

Rhizome : tige souterraine, le plus souvent épaisse et horizontale, qui émet des racines et des pousses ou feuilles.

Rubanée : se dit d'une feuille de forme longue et plate, comme un ruban.

S

Sagittée : se dit d'une feuille en forme de fer de flèche ou de lance, à pointe effilée et partie basale élargie en 2 lobes.

Spadice : inflorescence en épi sur un axe charnu, caractéristique des plantes de la famille des Aracées, comme chez le spathiphyllum et l'anthurium.

Spathe : grande bractée charnue à la base du spadice.

Stolon : tige rampante ou retombante portant une ou plusieurs plantules. Ces dernières peuvent être utilisées pour la multiplication, par exemple chez le chlorophytum.

Surfacer : renouveler la couche supérieure du terreau pour éviter le rempotage.

T

Tubercule : racine ou tige souterraine renflée servant d'organe de réserve.

Tubulée, tubulaire : se dit d'une fleur ou partie de fleur en forme de tube.

V

Verticille : ensemble de fleurs ou feuilles (3 et plus) issues d'un même point de la tige.

Volubile : se dit d'une plante grimpante dont les tiges souples s'enroulent sur le support.

Index

Crédits photographiques

Toutes les photos sont de **François Bertram**, sauf :

Rustica

p. 11 ; E. Brenckle : p. 9 ; C. Hochet : p. 22 ; F. Marre : pp. 13, 12 (Le Bois Perché – stylisme Manuela Oliveira), 14-16 (stylisme Manuela Oliveira), 18 (Jardinerie Côté Nature), 20, 24-25 (Le Bois Pinard – Marie Marcat).

Conception et réalisation graphique de l'intérieur : Nord Compo
Suivi éditorial : Odile Raoul
Suivi de fabrication : Catherine Maestrati (F09042)
Photogravure : Nord Compo

Édition du Club France Loisirs, Paris
avec l'autorisation des Éditions Rustica

Éditions France Loisirs,
123, boulevard de Grenelle, Paris
www.franceloisirs.com

ISBN : 978-2-298-03241-3
N° éditeur : 59698
Dépôt légal : juin 2010

Achevé d'imprimer en Italie par N.I.I.A.G., août 2010